Fahrradstadtplan
Düsseldorf und Umgebung

Übersichtskarte Maßstab 1:20 000
Innenstadtplan Düsseldorf 1:12 000 (Siehe Seite 66)

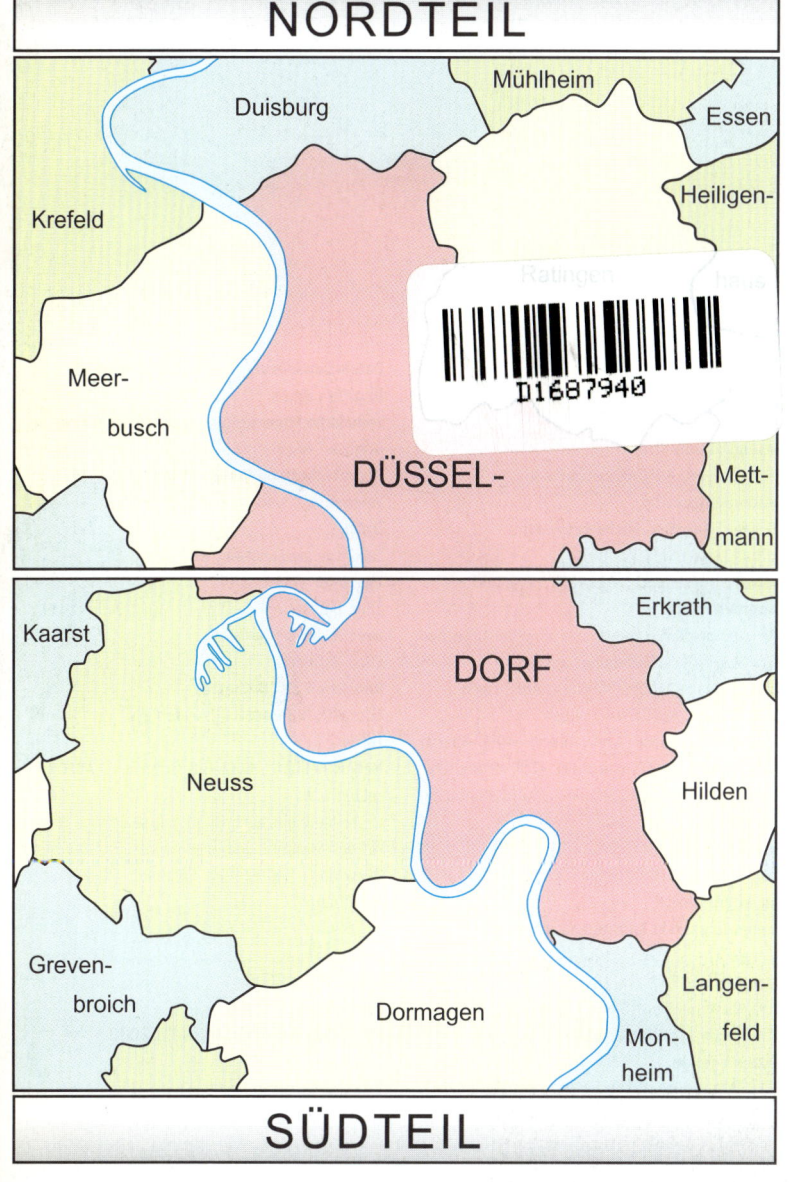

Impressum

Herausgeber
ADFC Düsseldorf e.V. mit Unterstützung
der Landeshauptstadt Düsseldorf

Gesamtkoordination
Altfried Inger, ADFC Düsseldorf e.V.

Gesamtkonzeption
Michael Feldkötter, Michael Hollstein,
Lothar Jansen, Josef Kürten,
Markus Stranzenbach, alle ADFC Düsseldorf e.V.

Datenerhebung
ADFC Düsseldorf e.V. mit ca. 35 ehrenamtlichen
Mitarbeitern und Mitarbeiter aus dem
ADFC Dormagen, ADFC Duisburg, ADFC Essen
ADFC Erkrath, ADFC Grevenbroich,
ADFC Heiligenhaus, ADFC Hilden, ADFC Kaarst,
ADFC Krefeld, ADFC Langenfeld, ADFC Meerbusch
ADFC Mettmann, ADFC Monheim, ADFC Mühlheim,
ADFC Neuss,

Erstellung EDV
Josef Kürten ADFC Düsseldorf e.V.

Kartengrundlage
Vermessungs- und Katasteramt der Stadt
Düsseldorf

Kartenentwurf
ADFC Düsseldorf e.V. Sigrid Krüger und
umliegende ADFC Ortsvereine

Kartenlegende
ADFC Düsseldorf e.V. Alessia Meinardi (Dortmund),
Steffen Geibhardt (Stadtverwaltung Düsseldorf)

Datenvisualisierung und digitale Kartografie
Brigitte Leggen

Technische Projektleitung und Anzeigenmarketing
Brigitte Leggen

Reprotechnische Verarbeitung
Vermessungs- und Katasteramt der Stadt Düsseldorf

Druck
Landesvermessungsamt NRW

Titelbild
Ellen Bernstein

Layout des Beiheftes
Ellen Bernstein

Redaktion des Beiheftes
Elisabeth Grün ADFC Düsseldorf e.V.

Fotos
Markus Keinath, Cornelius Otten u.a., ADFC Düsseldorf e.V.
Unser Dank gilt auch Birgit Hoppe-Johnen (Leiterin des Straßen- und Ingenieurbauamt der Stadt Düsseldorf) und Steffen Geibhardt (Radverkehrskoordinator).

Stand März 2000
Erste Auflage 2000
© J.P.Bachem Verlag, Köln 2000

Printed in Germany
ISBN 3-7616-1428-4

Rad am Rhein...
...das Düsseldorfer Radmagazin.

Kostenlos in allen guten Fahrradläden, Büchereien, Szenekneipen und Kinos. Kostenlose Zustellung an ADFC-Mitglieder. Vierteljährlich.

Inhalt

Übersichtskarte 1
Vorwort 5
Radfahren in Düsseldorf 6
Pünktlicher, günstiger, unabhängiger 8
Menschliche Geschwindigkeit 9
Fester Bestandteil meines Alltags 10
Unbeschreibliches Fahrgefühl 11
Neue Wege für das Rad 12
Ein Netz für Fahrradfahrer 16
Fahrradparkhaus 18
Mit dem Rad in Bus und Bahn 20
Überblick über die ÖPNV-Tarife für
die Fahrradmitnahme 21
Wochenend und Sonnenschein 22
Mit Kindern unterwegs 26
Rasten statt rasen - die schönsten
Biergärten der Umgebung 28
Fahrradcodierung 30
Radservice 32
Informationen rund ums Rad 33
Infomaterial, Bücher und Karten 34
Adressen und Radhändler 36
Vereine und Verbände 42
Vorteile für ADFC-Mitglieder 44
Der ADFC 45
Beitrittserklärung 46
Auf dem Rad: liegen statt sitzen 47
Straßenverzeichnis 48
Innenstadtkarte 66
Legende 130

Hauptbahnhof Düsseldorf

Schloß Mickeln

Gebrauchtradmarkt am Rheinufer

Bogenstraße

Vorwort

Das Fahrradfahren hat in Düsseldorf in den vergangenen Jahren eine echte Renaissance erlebt. In ganz erheblichem Maß hat dazu ohne Zweifel die Tieflegung der Rheinuferstraße mit ihren vielfältigen Auswirkungen für das nähere und weitere Umfeld beigetragen. So ist es gelungen, eine attraktive Radwegverbindung entlang des Rheins zu schaffen vom nördlichen Düsseldorf bis in den tiefsten Süden der Landeshauptstadt. Schon im Vorfeld war das Hindernis der für Radfahrer nicht überwindbaren Hafeneinfahrt durch eine Brücke beseitigt worden.

Kurzfristig soll in Düsseldorf das Konzept für ein flächendeckendes Radverkehrsnetz erarbeitet werden. Bevorzugt ist dabei an schnell zu verwirklichende Projekte außerhalb des Hauptstraßennetzes gedacht. Mit allen Fragen des Fahrradverkehrs beschäftigt sich ein eigener Arbeitskreis.

Im Bereich der Fahrradtouristik ist erst jüngst der „Erlebnisweg Rheinschiene" ausgeschildert worden. Er eröffnet die Möglichkeit interessanter Radtouren auf Wegen entlang des Stromes zwischen Bonn und

Jan-Wellem Denkmal auf dem Marktplatz vor dem Rathaus

Werbe- und Wirtschaftsförderungsamt Photo Ulrich Otte

Dem Fahrrad gebührt auch in der Großstadt sein Platz. Gerade für kürzere Strecken ist es eine wirtschaftliche und umweltschonende Alternative. Dabei ist es vielfach bedauerlich, zu sehen, dass die sich auch für innerstädtische Routen anbietenden Strecken häufig nicht geläufig sind. Hier will dieser Fahrradstadtplan für Abhilfe sorgen.

Die Stadt Düsseldorf fördert den Fahrradverkehr durch Bau und Markierung von Radwegen. Dies können einzelne Vorhaben sein, regelmäßig wird aber auch bei Straßenbauvorhaben der Bau von Radwegen mit berücksichtigt, wobei der Aspekt der Sicherheit obenan steht. Beim Bau der neuen Brücke für die Autobahn A 44 im Düsseldorfer Norden leistet die Stadt einen erklecklichen Beitrag, damit die Brücke auch Radwege erhält.

Duisburg. Auch bei der „Euroga 2002 plus" spielt das Thema des Ausbaus des Fahrradnetzes eine wichtige Rolle.

Dankbar bin ich, dass sich der Allgemeine Deutsche Fahrradclub mit dem Straßen- und Ingenieurbauamt sowie dem Vermessungs- und Katasteramt der Stadt zusammen gefunden hat, um diese Karte zu verwirklichen. Dabei haben die ADFC-Mitglieder durch die Erhebung aktueller Daten die Grundlage geschaffen. So ist eine gut strukturierte Übersicht entstanden, die sowohl die ausgebauten Radwege als auch empfohlene Verbindungen über ruhige Anliegerstraßen deutlich ausweist.

Joachim Erwin
Oberbürgermeister
der Landeshauptstadt Düsseldorf

Radfahren in Düsseldorf!

Der Allgemeine Deutsche Fahrrad-Club Düsseldorf legt mit Unterstützung der Stadt die zweite, vollständig überarbeitete Ausgabe seines Fahrradstadtplans für Düsseldorf und Umgebung vor.

Dieser Plan soll eine funktionelle Orientierungshilfe für das Radfahren sein. Er ist damit gleichzeitig auch ein verkehrspolitisches Dokument, das Auskunft über Umfang und Zustand der Radverkehrsflächen in unserer Stadt gibt und deshalb von der Stadtverwaltung als ein wichtiges Instrument für die weitere Radverkehrsplanung betrachtet werden sollte.

Dem Projekt liegt eine umfassende Recherche der Situation des Radverkehrs im gesamten Stadtgebiet zugrunde, die in einer Vielzahl von Stunden von Mitgliedern des ADFC Düsseldorf ehrenamtlich geleistet wurde. Keine Hauptverkehrsstraße, keine Tempo 30- und keine Fußgängerzone wurde ausgelassen, um mittels vorab erarbeiteter Kriterien eine objektive Bestandsaufnahme zu machen. Für die Recherche wurden die Düsseldorfer Straßen und Wege in ca. 3.000 Straßenabschnitte eingeteilt, wovon knapp die Hälfte inzwischen zu einer Tempo 30- Zone gehören. Das Ergebnis zeigt, dass es an ca. 550 Straßenabschnitten Radverkehrsanlagen gibt, 10% davon sind in Tempo 30- Zonen zu finden, wo sie in der Regel entbehrlich sind. Das bedeutet weiterhin, nur jede 3. sogenannte Hauptverkehrsstraße, auf der auch für Radfahrer und Radfahrerinnen die meisten Ziele liegen, besitzt Radverkehrsanlagen.

Sofern sie vorhanden sind, überwiegen immer noch Bordsteinradwege mit Verbundpflaster. Radfahrstreifen auf Fahrbahnen, die nicht nur sicherer sind, weil der Rad fahrende Verkehr immer im Blickfeld des Autoverkehrs ist, sondern auch kostengünstiger, sind in Düsseldorf immer noch in der Minderzahl.

Durch die Entfernung des Radfahrstreifens auf der Südseite der Luegallee sind Radfahrer und Radfahrerinnen ab 10 Jahren dort wieder schutzlos auf der Straße unterwegs - oder rechtswidrig auf dem Gehweg. Außerdem wurde dem Radverkehr ein sicherer und komfortabler Teil einer wichtigen Ost-West-Verbindung gekappt.

Untermauert wird diese Recherche durch Untersuchungen des Instituts für Verkehrswirtschaft, Straßenwesen und Städtebau der Universität Hannover, die der ADFC Düsseldorf unterstützt hatte. Die in diesem Zusammenhang entstandenen umfänglichen Studien liegen der Stadtverwaltung mit einer Empfehlung des ADFC Düsseldorf vor. Die darin enthaltenen Vorschläge für Radverkehrsverbindungen, insbesondere in Ost-West- und Nord-Süd-Richtung, sind in der Geschäftsstelle des ADFC Düsseldorf e.V. erhältlich.

Weitere Untersuchungen, aber auch die Alltagserfahrungen der aktiven Mitglieder des ADFC, sind in die Gestaltung dieses Plans eingeflossen. Zieht man eine Gesamtbilanz für die gegenwärtige Situation des Radverkehrs in Düsseldorf, so fällt diese sehr ernüchternd aus. Auch bei positiven Einzelmaßnahmen der letzten Jahre, wie z.B. die Umwandlung der Bismarckstraße zur Fahrradstraße, der Schaffung von Radfahrstreifen auf der Steinstraße und eine Reihe von Maßnahmen im Süden der Stadt, scheint der Radverkehr als eine die Lebensqualität fördernde und ökologische Alternative zum Auto immer noch nicht in ausreichendem Maße ernst genommen zu werden.

Entsprechend ist im Unterschied zu vergleichbaren Städten der Radverkehrsanteil am Gesamtverkehrsaufkommen viel zu niedrig.

Also statt ein Ausrufungszeichen doch lieber ein Fragezeichen hinter die Überschrift dieser Einleitung setzen? Radfahren, ich? Bei dem Verkehr?

An einem ökologisch orientierten gesamtstädtischen Verkehrkonzept, in dem der Radverkehr seinen besonderen Stellenwert hat, führt kein Weg vorbei. Der ADFC Düsseldorf e.V. hat dazu der Politik und Verwaltung eine Vielzahl von Vorschlägen und Forderungen unterbreitet, die allerdings immer noch nicht in notwendiger Weise in die Verkehrswegeplanung eingeflossen sind.

Cartoon von Renate Alf

Ein Fahrradstadtplan kann letztlich nur die Wirklichkeit spiegeln, er erschließt aber - und dies ist die Hoffnung - den Nutzern und Nutzerinnen (Rad-)Wege durch die Stadt, in der das Fahrrad trotz aller Defizite auch als Verkehrsmittel für den Alltag sinnvoll und attraktiv macht. Darüber hinaus finden sich in diesem Beiheft praktische Tipps und Hinweise zum Thema Radfahren in Düsseldorf, zum öffentlichen Nahverkehr und Ausführungen zur Radverkehrspolitik.

Pünktlicher, günstiger, unabhängiger.

Thomas Klefisch
Grafiker, verheiratet, 1 Kind

Ich brauche kein Auto. Erstmal arbeite ich nur zu Hause. Heute muss man wegen der Datenübertragung keinen mehr treffen. Und was ich so rausgebe, geht über Kuriere. Ich habe einen Anhänger am Fahrrad. Damit transportiere ich die große Mappe, mit der ich meine Sachen präsentiere. So kann ich bis vor die Tür fahren, muss keinen Parkplatz suchen und die Sachen tragen. Und

Thomas Klefisch

wenn ich in andere Städte fahre - meistens Großstädte, geht es mit dem Zug und den öffentlichen Verkehrsmitteln viel schneller als mit dem Auto, weil ich in der Regel in die Innenstadt muss. Und wenn ich selber Termine habe, bin ich mit dem Fahrrad pünktlicher - ich stehe ja nie im Stau.

Das Fahrrad ist nicht nur unser Freizeitgerät. Wir machen alles damit. Also - entweder Bahn oder Fahrrad. Zu Ikea fahren wir auch mal mit einem Car-Sharing-Mietwagen. Und Waschmaschinen, Geräte, Möbel kann man sich bringen lassen. Mit dem Auto wäre das teurer. Das billigste Auto kostet ungefähr 500 DM im Monat, dafür kann man dann auch mal mit dem Taxi fahren, wenn es dann wirklich sein muss. Beim Auto schleppt man immer eine Tonne rum. Ich finde das Radfahren ökologisch sinnvoll. Man braucht ganz wenig Energie für ganz

viel Fortbewegung. Man ist viel unabhängiger, man kann auch spät nachts noch, wenn die öffentlichen Verkehrsmittel schon ruhen, nach Hause fahren. Und man friert weniger. Wenn man irgendwo ankommt, ist einem warm, weil man sich schon bewegt hat. Die Radstrecke wählen wir je nachdem, ob wir Zeit haben oder nicht - wenn man Zeit hat, fährt man durch die BuGa, am Rhein entlang oder durch den Hofgarten. Wenn es schnell gehen muss, fährt man über die Herzogstraße. Mich stört es nicht mehr, mitten im Verkehr Rad zu fahren, weil ich das von klein auf mache, ich fahre einfach mitten auf der Straße. Man ist halt von der Geschwindigkeit auch näher am Auto, und in der Stadt fahren Autos eh nur 50 oder 30 km/h.

Hier am Belsenplatz gibt es auf dem Fußweg einen Fahrradweg, der durch die Bushaltestelle hindurchführt, rot markiert, kostet irre Geld. Totaler Quatsch. Da stehen die Leute auf dem Radweg, warten auf den Bus oder steigen aus dem Bus aus, sind sauer auf die Radfahrer, und die Radfahrer klingeln immer. Dann kommt da nochmal so ein kleines Stückchen Radweg, das hört nach 100 m wieder auf, und man ist wieder auf der Straße. So ist das viel gefährlicher, weil man sich ja als Radfahrer wieder in den Verkehr einfädeln muss. Da soll man doch lieber einen Streifen auf der Straße machen, das, finde ich, ist die beste Idee - so wie es auf der Luegallee war. Toll war da auch die Anbindung an den Radweg auf der Rheinbrücke, das war sehr praktisch, dadurch kam man sehr schnell vorwärts. Und man musste auch nicht so kurven wie jetzt, gerade mit dem Anhänger - das war viel besser. Mittlerweile wähle ich eigentlich eher die ruhigen Strecken. Es gibt ja auch Ecken, wo keine Fahrradwege sind, aber ruhigere Wohngebiete, da fahre ich dann lang. Vielleicht wäre es sinnvoll für die Führerscheinprüflinge, einmal auf dem Fahrrad durch die Stadt fahren zu müssen, damit sie einfach mal den Blick bekommen fürs Fahrrad. Viele merken das erst, wenn's passiert, also wenn sie die Tür aufmachen oder dich schneiden - die meinen das ja nicht böse. Es passiert ihnen, weil sie die Situation nicht kennen.

Menschliche Geschwindigkeit

Dr. Rüdiger Lewin
Arzt, verheiratet, 2 Kinder

Seit meinem sechsten Lebensjahr fahre ich kontinuierlich Rad. Für mich ist das Rad weitaus mehr als ein Freizeitgerät, es ist Verkehrsmittel, Transportmittel, sportliche Aktivität und Lebensart zugleich. Ich bin sozusagen mit dem Rad groß geworden, mit und an ihm gewachsen. Früher, als mein Schul- bzw. Arbeitsweg noch verhältnismäßig kurz war, hätte ich auch nicht gedacht, dass es machbar wäre, einen Arbeitsweg von 50 Kilometern täglich auf dem Drahtesel zurückzulegen, aber es ist erstaunlich, wie gut das geht - heute bewältige ich die Distanz täglich und tue es gern. Die Kondition ist so weit da, dass es im Grunde keine Anstrengung mehr bedeutet. Allerdings kann man so etwas nicht von jedem verlangen, jeder hat seine individuelle Konstitution. Die Fahrt von meinem Wohnort bei Grevenbroich durch das Rheintal zu meiner Praxis in Düsseldorf-Gerresheim dauert eine Stunde. Ich weiß von Autofahrern, dass sie für die gleiche Strecke verkehrsbedingt manchmal die gleiche Zeit benötigen. Seit Eröffnung meiner gynäkologischen Praxis im Mai diesen Jahres habe ich so schon knapp 5.000 km zurückgelegt.

Das Fahrrad ist bei mir ein Stück Lebensauffassung. Ich glaube, es gibt eine bestimmte menschliche Geschwindigkeit, und Laufen, Spazieren, Wandern und Fahrradfahren geben diese sehr gut wieder. Eine Geschwindigkeit, die wir mit ganzem Körper und Geist "erfahren" können und bei der wir noch Menschen sind. Durch meine Radfahrten gebe ich mir die Zeit, die ich benötige, um meine Tageseindrücke zu verarbeiten. Wer ins Auto steigt, ist in Gedanken beim Verkehr, kommt weniger zu sich selbst, wird rast- und ruhelos.

Es gibt kaum etwas, das ich in Bezug auf das Fahrradfahren verändert wissen wollte. Bessere Wetterbedingungen - die kann man nicht erreichen. Ich fahre eine sehr offene Strecke, Windrichtung hauptsächlich von Westen, d.h. auf dem Rückweg habe ich häufig Gegenwind, und letztes Jahr im November, da hat es nur geschüttet, jeden Tag. Aber hätte ich eine Vollverkleidung, würde ich mich nicht wie auf dem Fahrrad fühlen. Man bekommt eben das Wetter mit.

Verbesserungswürdig finde ich das Radwegenetz. Ich würde mir eine separate Radspur für Fahrradfahrer wünschen, abgetrennt von Fußweg und Autostraße - etwa durch eine durchgezogene Linie. Denn obwohl ich meinen Arbeitsweg bewusst über Rad- und Landwirtschaftswege gewählt habe, gibt es viele Konfliktstellen mit Autofahrern. Als Radfahrer wird man nicht so gut

Dr. Rüdiger Lewin

gesehen, Autos versperren einem die Sicht. Auch empfinde ich häufig immer noch, dass an Radfahrer nicht gedacht wird. Mir ist bewußt, dass ich gefährdeter lebe, als wenn ich mit dem Auto fahren würde. Aber ich rechne mit Gefahren und versuche, die Handlungen der anderen Verkehrsteilnehmer vorherzusehen.

Als radelnder Arzt weiche ich natürlich vom beruflichen Standesbild ab. Dazu noch eine kleine Anekdote: Einer meiner früheren Klinikchefs wollte mich vom Fahrradfahren abbringen mit dem Argument, ich könne krank werden und für den Dienst ausfallen. Ich gehörte jedoch stets zu denen, die von grassierenden Grippewellen unbeschadet blieben und so den Klinikbetrieb aufrecht erhielten.

Fester Bestandteil meines Alltags

Axel Gehm
Polizist, verheiratet, zwei Kinder

Ich fahre drei Viertel des Jahres mit dem Rad zur Arbeit. Im Winter auch. Wenn das Wetter so einigermaßen erträglich ist, fahre ich. Ich arbeite in der Altstadt, bin im Schicht- und Wechseldienst eingesetzt, und das Rad ist da praktisch: Damit bin ich fast immer schneller, als wenn ich mit der Straßenbahn fahre. Zum Spätdienst, in der

Axel Gehm

Mittagszeit, bin ich mit dem Fahrrad sogar schneller als mit dem Auto: 25 Minuten. Hinzu kommt: In der Altstadt sind die Parkplätze sehr rar. Und man hat es ja selten so, dass man von Haustür zu Haustür das erledigen kann, was man möchte, und dann legt man ordentlich Zeit drauf.

Wir benutzen das Rad auch zum Einkaufen, wenn's keine ganz großen Sachen sind. Für den Transport benutze ich einen Rucksack, und hinten habe ich ein Körbchen drauf - das reicht.

Im Urlaub fahre ich regelmäßig Fahrrad. In Südfrankreich z.B. lernt man Land und Leute so besser kennen. Die Franzosen sind ja als Radfahr-Nation bekannt, aber man sieht eigentlich mehr die Leute, die das sportmäßig betreiben, als Leute, die das Rad tagtäglich benutzen. Entweder es ist Sport, oder sie fahren Auto. Für mich ist das Fahrrad eher Verkehrsmittel. Fester Bestandteil meines Alltags.

In Düsseldorf ist der Umgang mit Fahrradfahrern recht ungewohnt für die meisten Kraftfahrer. Ich bin aufgewachsen in Münster, da ist das Fahrradfahren typisch, da ist das ganz anders - dort sind die Verkehrsflächen auch anders markiert. Aber das ist eine andere Dimension - die haben ja sogar Parkhäuser für Fahrräder ... Ich meine, Radfahren ist in Düsseldorf nicht so der Hit. Man könnte ja auch so argumentieren: Sind Radwege da, haben wir auch Radfahrer. Wenn ich meine tägliche Strecke zur Arbeit nehme, ist das kein Problem, da weiß ich ganz genau, wo die Radwege liegen. Aber wenn ich z.B. auf der Friedrichstraße fahre - die fahren einem da ja sehr gerne den Lenker aus der Hand. Wenn man nur das Ziel kennt, ist es schwer anzukommen.

Eine bessere Ausstattung für Fahrradfahrer wäre wünschenswert: Wenn man etwa zehn oder fünfzehn Kilometer zur Arbeitsstelle gefahren ist, ist man durchgeschwitzt und möchte duschen. Das bietet bei weitem nicht jede Arbeitsstelle. Die Büros z.B. haben selten Duschmöglichkeiten. Da bin ich allerdings bestens versorgt.

Dass Radwege einfach aufhören, nur weil kein Platz mehr ist oder die Straße ein bisschen älter - das ist immer sehr unfallträchtig. Für die Autofahrer ist es schlecht erkennbar, dass die Radfahrer einfach auf die Straße geleitet werden. Selbst wenn dort Hinweisschilder wären, es würde nicht viel nützen bei so vielen Schildern ... und Leute, die gerade versuchen hinauszufahren, die achten auch nicht auf sowas.

Oder das Beispiel Königsallee. Im Grunde genommen ist der asphaltierte Bereich für den Radfahrer, letztes Jahr hat man die Fahrradsymbole auf den Radweg gemacht. Neben dem Radweg befindet sich ein Fußweg aus gestampftem Boden, aber viele Fußgänger vermeiden es, dort entlang zu gehen und bevorzugen den Asphalt. Da kommt es immer wieder zu Problemen, auch wenn man klingelt, bis die dann reagieren, bis die gucken ... viele Fußgänger orientieren sich nach Gehör, die bekommen den

Radfahrer nicht mit, das ist ein ganz großes Problem. Und ewig diese Klingel, da ist man ja selbst genervt, und andere sind genervt. Man kann dort nicht normal durchfahren. Der Vorteil ist, man ist weit weg von den Autos. Aber von der Verkehrstechnik her ist die Königsallee nicht günstig geregelt.

Im Innenstadtbereich besondere Radwege anzulegen, das ist ja platzmäßig nicht möglich. Wenn man etwas erreichen möchte, dann muss man auch sehen, dass jeder damit leben kann. Man sollte Radwege auch nur in dem Umfang installieren, wie sie gebraucht werden. Aber doch mindestens an jeder dritten Straße, dass ich auch durch die Stadt komme.

Unbeschreibliches Fahrgefühl

**Christiane Wiemers,
Fahrradbotin**

Räder fahren sich sehr unterschiedlich - für mich ist es zum Teil so, dass es geradezu eine andere Stadt ist, je nachdem, mit welchem Rad ich fahre. Mit dem Hollandrad lasse ich mich von der Hektik nicht so mitreißen, weil ich weiß, ich habe da eh keine Schnitte neben den Autofahrern. Das ist dann eher so ein Radeln, man sitzt aufrecht und viel höher als auf dem Rennrad; da komme ich mir vor wie auf Urlaub. Ich lasse den Verkehr so ziehen; Bordsteine und so - alles egal: Man rollt da einfach so drüber. Das Hollandrad ist halt ein Transportmittel, ein Vieh, ein Ackergaul. Damit finde ich es auch okay, über Radwege zu fahren.

Mit dem Rennrad hasse ich das: wegen Hunden, Kinder und Kegel, Türen die geöffnet werden, Einfahrten - und weil man halt immer wieder aus dem Verkehr hinausgeschmissen wird. Ich fahre lieber mit 40 Sachen auf der grünen Welle wie jedes Auto. Auf dem Rennrad schwimmt man mit, man kann einfach nicht langsam fahren, man ist wie unter Strom. Mit dem Rennrad bin ich viel mehr eins als mit dem Hollandrad. Es ist wie ein Schuh, der an mir ist, der muss es tun. Vom Feingefühl, den Reaktionen her - das klebt an mir. Es ist dieses Fließen und eins mit dem Rad zu sein.

Als mein erstes Rennrad bei einem Unfall kaputtgegangen ist, war das schon schlimm. Weil man am Rad immer herumbastelt, es mit sich herumträgt. Der Menschentyp lässt sich am Fahrradtyp oder am Fahrstil erkennen.

Es macht immer wieder Spaß zu treten. Zumal beim Rennrad das Fahrgefühl unbeschreiblich ist - wenn die Straße gut ist und man eine längere Strecke richtig heizen kann. Dieses Gleiten, dass alles immer weiter gleitet, das ist das, was ich total liebe und was ich nie vermissen möchte. Selbst wenn ich bei der Arbeit bin, schimmert das durch. Vor allen Dingen das Sprinten macht total Spaß. Das ist auch im normalen Verkehr so. Auch wenn ich es mal nicht eilig habe, dann sehe ich z.B. die Straßenbahn und will mit. Wenn ich beruflich nicht mehr fahren würde - ganz viel von dem Gefühl wäre nicht ersetzbar, durch nichts anderes. Diese ganze Spannung, diese gepuschte Energie - das kriegt man privat so nicht hin.

Es ist halt für mich immer noch so, dass es prickelt. Ich merke das, wenn ich krank war und eine Woche nicht gefahren bin - dann bin ich wieder so heiß darauf.

Ich bin jetzt 29. Das einzige, was mich sonst noch interessieren würde, wäre, auf dem Land körperlich zu arbeiten. Aber ich habe gemerkt, es ist einfach noch nicht vorbei. Im Moment habe ich das Gefühl, ich möchte fahren, bis ich Oma bin.

Christine Wiemers

Neue Wege für das Rad

Die Radverkehrsinfrastruktur in Düsseldorf und die StVO-Novelle

Damit ein Verkehrsmittel gut und sinnvoll genutzt werden kann, bedarf es einer auf die Bedürfnisse des Verkehrsmittels hin ausgerichteten Infrastruktur. Dies gilt natürlich auch für das Fahrrad. Zum einen möchte man als Fahrradfahrer im Alltagsverkehr bequem, zügig und vor allem sicher radeln können, zum anderen wünscht man sich für sein Fahrrad einen guten und diebstahlsicheren Abstellplatz.

Es gibt mittlerweile eine Reihe von speziellen infrastrukturellen Möglichkeiten, um das Fahrradfahren im Straßenverkehr bequem und sicher zu gestalten und verbunden damit auch ein zügiges Vorankommen zu gewährleisten.

Im Folgenden sollen die wichtigsten dieser Möglichkeiten vorgestellt werden. Einige werden Ihnen sicherlich bekannt sein, andere vielleicht weniger, weil sie bislang im Düsseldorfer Stadtgebiet nicht oder nur wenig eingesetzt wurden.

Im Herbst 1997 erfolgt eine Änderung der Straßenverkehrs-Ordnung (gemeinhin als StVO-Novelle bezeichnet), mit der einige positive Neuerungen für Fahrradfahrer verbunden waren sowie ein höherer Stellenwert für das Fahrrad als Verkehrsmittel - zumindest in rechtlicher Hinsicht - erzielt werden konnte. Bei den folgenden Darstellungen werden die wesentlichsten Aspekte der StVO-Novelle erläutert und die positiven Veränderungen besonders herausgestellt.

Abb. 1   Abb. 2   Abb. 3

Straßenbegleitende Radwege

Im Düsseldorfer Stadtgebiet handelt es sich bei den straßenbegleitenden Radwegen in der Regel um sogenannte Bordsteinradwege, also um Radwege, die durch eine Markierung oder eine Kante von dem rechts verlaufenden Gehweg getrennt sind. Sie sind der in Düsseldorf am häufigsten vertretene Radwegetyp.

Bordsteinradwege sind benutzungspflichtig, wenn sie mit einem dieser Zeichen beschildert sind: Siehe Abb. 1, 2, 3.

Die Beschilderung muss dabei in der Regel für jeden Abschnitt des Radwegs, also beispielsweise nach einer Kreuzung, aufs Neue erfolgen.

Nach der geänderten Straßenverkehrs-Ordnung dürfen straßenbegleitende Radwege in der Regel nur als benutzungspflichtig gekennzeichnet werden, wenn sie bestimmte Sicherheits- und Qualitätskriterien erfüllen. Hierzu zählen insbesondere:
- eine Mindestbreite von prinzipiell 1,50 m
- eine gute Oberfläche (Faustregel: Die Oberfläche des Radwegs darf nicht schlechter sein als die der parallel verlaufenden Fahrbahn.)
- eine eindeutige und stetige Führung des Radwegs im Streckenverlauf
- eine sichere Führung des Radwegs an Knotenpunkten (Kreuzungen, Einmündungen oder ähnliches).

Bordsteinradweg am Ende der Völklinger Straße

Straßenbegleitende Radwege, die nicht mit einem der oben abgebildeten Zeichen beschildert sind, sind nicht benutzungspflichtig. Fahrradfahrer dürfen in einem solchen Fall also auch auf der Fahrbahn fahren. Aber auch bei nicht benutzungspflichtigen Radwegen hat die Stadt dafür Sorge zu tragen, dass diese sich in einem ordnungsgemäßen und verkehrssicheren Zustand befinden.

Hinsichtlich der Entscheidung, einen Radweg als benutzungspflichtig zu bestimmen, wird den Kommunen vom Gesetzgeber ein gewisser Entscheidungsrahmen zugestanden. Das heißt, die eigentlich vom Gesetz vorgesehenen Sicherheits- und Qualitätskriterien für benutzungspflichtige Radwege müssen nicht in jedem Fall erfüllt sein, um einen Radweg als benutzungspflichtig zu kennzeichnen. Sollten Sie jedoch der Auffassung sein, dass bei einem Ihnen bekannten Radweg eine Benutzungspflicht aufgrund erheblicher Mängel nicht gegeben sein darf, so ist eine Nachfrage bei der zuständigen Stelle für den Fahrradverkehr der Stadtverwaltung sinnvoll.

Straßenbegleitende Radwege weisen drei grundlegende Nachteile auf: Erstens bestehen im Bereich von Knotenpunkten erhöhte Unfallrisiken, da die Fahrradfahrer oftmals erst relativ spät in das Sichtfeld der Kfz-Fahrer gelangen. Zweitens kommt es häufig zu Konflikten mit Fußgängern. Und drittens ist der Fahrkomfort aufgrund der häufigen Absenkungen an Kreuzungen und Einfahrten und damit auch die Fahrgeschwindigkeit beeinträchtigt.

Die wesentlich bessere Radwegvariante stellen sogenannte Radfahrstreifen dar, die als nächstes vorgestellt werden.

Radfahrstreifen

Ein Radfahrstreifen ist ein auf der Fahrbahn mittels einer durchgezogenen Markierung abgetrennter Sonderweg für den Fahrradverkehr. Er ist benutzungspflichtig, was durch das Zeichen (siehe Abb.1) in Form eines Schildes oder einer Aufmalung auf den Radfahrstreifen deutlich gemacht wird. In der Regel soll seine Breite 1,60 m betragen. In Düsseldorf gibt es zur Zeit erst wenige Radfahrstreifen. Da Radfahrstreifen ein sicheres, komfortables und zügiges Radfahren erlauben, wäre eine verstärkte Anlage solcher Streifen, insbesondere an vielbefahrenen Straßen, wünschenswert.

Radfahrstreifen auf der Fährstraße

Schutzstreifen

Ein Schutzstreifen, auch Angebotsstreifen genannt, ist ein optisch hervorgehobener Seitenbereich der Fahrbahn, der bevorzugt dem Radverkehr vorbehalten sein soll. Dies wird in der Regel durch Fahrradpiktogramme deutlich gemacht. Der Schutzstreifen ist jedoch nicht benutzungspflichtig. Eine indirekte Benutzungspflicht leitet sich allerdings aus dem Rechtsfahrgebot ab. Kraftfahrzeuge dürfen in Ausnahmefällen (z.B. im Begegnungsverkehr) den Schutzstreifen mitbenutzen. Parken ist aber nicht zugelassen.

Schutzstreifen bieten sich insbesondere an, wenn eine Anlage von anderen Radwegen aus Platzgründen nicht möglich ist, aufgrund einer hohen Verkehrsdichte ein separater Raum für Fahrradfahrer jedoch sinnvoll ist.

Schutzstreifen auf der Bachstraße

Fahrradstraßen
Fahrradstraßen sind Straßen, deren gesamte Fahrbahn dem Fahrradverkehr gewidmet ist. Sie werden durch folgendes Zeichen, das im Rahmen der StVO-Novelle neu in die Straßenverkehrs-Ordnung aufgenommen wurde, kenntlich gemacht:

Durch eine Zusatzbeschilderung kann in einer Fahrradstraße auch Kraftfahrzeugverkehr zugelassen werden. Dieser muss sich allerdings in seiner Fahrweise und Geschwindigkeit dem Fahrradverkehr anpassen bzw. unterordnen. In Fahrradstraßen dürfen Fahrradfahrer auch nebeneinander fahren.

Immerhin: 0,038 % aller Düsseldorfer Straßen sind eine Fahrradstraße. Namentlich handelt es sich dabei um die Bismarckstraße in der Innenstadt.

Fahrradstraßen sind vor allem dort sinnvoll, wo wichtige Verbindungen für den Radverkehr bestehen oder stoßweise viele Fahrradfahrer auftreten, wie z.B. im Bereich von Schulen. Vielleicht gibt es ja auch in Düsseldorf bald mehr Fahrradstraßen.

Geöffnete Einbahnstraßen für den Radverkehr
Einbahnstraßen mit geringer Verkehrsbelastung und einer zulässigen Höchstgeschwindigkeit von 30 km/h können für den Radverkehr in Gegenrichtung freigegeben werden. Eine Öffnung wird durch Zusatzschilder angezeigt.

Bogenstraße

Die Öffnung von Einbahnstraßen für den Radverkehr erfolgt zur Zeit noch versuchsweise. Die Versuchsphase läuft bis zum 31.12.2000. Danach wird entschieden, insbesondere auf der Grundlage von Unfallstatistiken, ob die Öffnung von Einbahnstraßen zur beständigen Praxis erklärt wird. Bislang deutet bereits vieles auf eine positive Bewertung des Versuchs hin.

Eine Beibehaltung der Regelung wäre auch für Düsseldorf wünschenswert, da es hier bereits viele geöffnete Einbahnstraßen gibt und sich insgesamt eine breite Akzeptanz dafür abzeichnet, weitere Einbahnstraßen freizugeben.

Infrastrukturelemente im Bereich von Kreuzungen

Radfahrerfurten
Radfahrerfurten sind markierte, gelegentlich auch eingefärbte oder aufgepflasterte Streifen, die den Radverkehr über den Kreuzungsbereich führen sollen. Durch die optische Hervorhebung soll den anderen Verkehrsteilnehmern die Vorfahrtsberechtigung des geradeaus fahrenden Radverkehrs verdeutlicht werden.

Aufgeweiteter Radaufstellstreifen Karolinger Platz

Radfahrstreifen u. Radfahrerfurt auf dem Fürstenwall

Aufgeweitete Radaufstellstreifen
Aufgeweitete Radaufstellstreifen sind für den Radverkehr reservierte Aufstellflächen an Ampelkreuzungen. Sie dienen hauptsächlich dazu, den Fahrradfahrern ein sicheres Linksabbiegen und Überqueren der Kreuzung zu ermöglichen, da diese vor dem Autoverkehr losfahren können und zugleich von diesem besser gesehen werden.

Radfahrerschleusen
Radfahrerschleusen sind Einrichtungen, durch die Fahrradfahrer an einer Kreuzung mittels einer vorgeschalteten Ampel ihren für die Weiterfahrt gewünschten Fahrstreifen unbehindert vom übrigen Verkehr aufsuchen können. Denkbar wäre z.B., dass Fahrradfahrer durch eine solche Schleuse von einem Bordsteinradweg auf die Fahrbahn geleitet werden, um danach sicher links abbiegen zu können.

Radfahrschleuse z. Z. in Düsseldorf nicht vorhanden

Sie sehen, es gibt viele Möglichkeiten, um den Fahrradverkehr innerhalb einer Stadt attraktiver und sicherer zu gestalten. Hoffen wir, dass in Düsseldorf von diesen Massnahmen reichlich Gebrauch gemacht wird.

Ein Netz für Fahrradfahrer

Städte wie Münster oder Troisdorf haben es bereits. Für Düsseldorf soll nach Angabe der städtischen Verwaltung kurzfristig ein Konzept dafür erarbeitet werden. Die Rede ist von einem flächendeckenden Radverkehrsnetz.
Was genau ist eigentlich ein Radverkehrsnetz? Diese Frage soll nun hier beantwortet werden.

Cartoon von Renate Alf

Im städtischen Verkehr, also auch im städtischen Radverkehr, gibt es eine Vielzahl von Wegeverbindungen zwischen den ebenfalls äußerst zahlreichen Ausgangs- und Zielpunkten. Die eine möchte morgens von ihrer Wohnung zur Arbeit radeln, der andere zuerst in die Schule und danach in die Stadt und wieder eine andere möchte abends zum Sport fahren und anschließend noch zu Freunden. Die Aufgabe von einem städtischen Radverkehrsnetz ist es nun, den Radfahrern innerhalb eines Stadtgebietes für alle Fahrten eine attraktive und sichere Route anzubieten.

Um dies zu verwirklichen, müssen zunächst alle wichtigen Verkehrsquellen- und ziele erfasst werden. Hierzu gehören grundsätzlich alle Wohngebiete, die Innenstadt, der Hauptbahnhof, Gebiete mit einer hohen Arbeitsplatzdichte, Schulen, Universitäten, Sportstätten und natürlich auch Einkaufsstraßen wie in Düsseldorf z.B. die Friedrichstraße, die Kölner Straße oder die Nordstraße. Diese Verkehrsquellen und -ziele müssen nun durch gute und direkte Radrouten miteinander verbunden werden. Sie können unter anderem durch ruhige Tempo 30-Zonen oder sonstige verkehrsarme Gebiete führen. Aber insbesondere auch die Hauptverkehrsstraßen müssen in ein Radverkehrsnetz einbezogen werden, da sie zum einen oftmals die kürzesten Verbindungen innerhalb einer Stadt darstellen und da zum anderen an ihnen in der Regel viele wichtige Ziele wie z.B. Geschäfte oder Arbeitsplätze liegen.

Bei der räumlichen Umsetzung eines Radverkehrsnetzes entsteht meistens ein dreistufiges Netz. Das Grundgerüst bilden hierbei stadtteilüberschreitende Hauptverbindungen, die auf ein besonders hohes Radverkehrsaufkommen hin ausgerichtet sein sollten. Nebenverbindungen mit Erschließungsfunktionen auf Stadtteilebene als mittlerer Stufe sowie auf Stadtquartiersebene als unterster Stufe komplettieren das Netz.
Um die Routen für Fahrradfahrer attraktiv und sicher zu gestalten, bietet sich ein Einsatz der genannten Infrastrukturelemente geradezu an. Radfahrstreifen auf Hauptverkehrsstraßen oder Fahrradstraßen als Verbindungen zwischen zwei Stadtteilen beispielsweise sind nahezu optimal.

Erlebnis-Touren, Tipps und Freizeitspaß für die ganze Familie

Ulrike Walden
Erlebnis Siebengebirge
ISBN 3-7616-1367-9

Heike Scheerer-Buchmeier/
Melanie Merx-Wolters
Erlebnis Eifel
2. aktual. Aufl.
ISBN 3-7616-1349-0

Ulrike Walden/Wolfgang Oelsner
Erlebnis Bergisches Land
ISBN 3-7616-1404-7

Heike Scheerer-Buchmeier/
Melanie Merx-Wolters
Erlebnis Rheinland
ISBN 3-7616-1408-X

Alle Bände mit
* Karten u. zahlr. Abb.,
* 192-208 S., kartoniert

je 24,80 DM
23,- sFr / 168,- öS

Jetzt im Buchhandel

J.P. BACHEM VERLAG

Fahrradparkhaus

Radstation - die neue Dienstleistung an Bahnhöfen

Was ist eine Radstation?

Der Grundgedanke einer Radstation ist einfach und genial zugleich. Mittels einer Radstation sollen die Vorteile der Verkehrsmittel Fahrrad und Bahn miteinander verknüpft werden. Das Fahrrad dient als schnelles, umweltfreundliches und jederzeit einsatzbereites Fortbewegungsmittel in der Stadt, die Bahn hingegen übernimmt die Beförderung auf den langen Strecken. Viele Leute hat es bislang abgeschreckt, ihr (gutes und teures) Fahrrad am Bahnhof stehen zu lassen. Die bange Frage, ob das Fahrrad denn bei der Rückkehr noch in einem fahrtüchtigen Zustand sei oder ob es überhaupt noch da sei, hat sicherlich in vielen Fällen nicht zum Wohlbehagen der Leute beigetragen.
Eine Radstation sorgt hier nun für Abhilfe. Sie bietet die Möglichkeit, das Fahrrad bewacht und auch trocken abzustellen. Zusetzlich bietet eine Radstation auch noch Dienstleistungen rund um's Fahrrad an, wie zum Beispiel eine Reparaturwerkstatt, den Verkauf von Fahrradzubehör und eine kompetente Beratung in vielen Fragen zum Thema Fahrrad. Ganz moderne Radstationen besitzen sogar eine Fahrradwaschanlage.
Radstationen erfüllen somit sowohl die Funktion einer Bike & Ride-Anlage als auch die einer umfassenden Servicestation. Dieser Dienstleistungsgedanke einer Radstation kann auch, insbesondere in größeren Städten, im Tourismusbereich und somit für das Stadtmarketing genutzt werden, indem zum Beispiel zusätzlich eine Fahrradvermietung sowie eine städtische Mobilitätsberatung und Touristinformation angeboten wird.

Für wen ist eine Radstation?

Eine bedeutende Nutzergruppe einer Radstation sind sicherlich Berufs- und Ausbildungspendler. Leute, die in einer anderen Stadt arbeiten, zur Schule gehen oder studieren, fahren morgens mit dem Rad zum Bahnhof, lassen es dort stehen und fahren dann mit der Bahn weiter. Das Fahrrad dient hier also als sogenannter Vortransport. Aber auch umgekehrt wird von einer Radstation gerne Gebrauch gemacht, indem das Fahrrad am Zielort einsatzbereit in der Radstation wartet. Hier spricht man dann vom Nachtransport durch das Fahrrad. Besonders schlaue Leute, die zudem das Glück haben, dass es sowohl an ihrem Heimat- als auch an ihrem Zielort eine Radstation gibt, verfügen über zwei Fahrräder, das eine für den Vor- und das andere für den Nachtransport. So brauchen sie nie auf die Vorteile des Fahrrads in der Stadt zu verzichten.
Aber natürlich ist eine Radstation auch für jeden anderen attraktiv. Leute, die nur unregelmäßig mit dem Zug fahren, zum Beispiel für einen Ausflug oder eine Kurzreise, freuen sich ebenfalls über eine gute Abstellmöglichkeit für ihr Rad. Selbst wenn man die Bahn gar nicht nutzen möchte, sondern einfach nur in der Stadt einkaufen möchte oder in der Nähe des Bahnhofs arbeitet, bietet sich die Radstation zum Unterstellen des Fahrrads an.
Und schließlich ist eine Radstation für Gäste und Touristen interessant, die sich zum Beispiel für die Dauer ihres Aufenthalts ein Fahrrad mieten möchten.

100 Radstationen in NRW

So heißt ein Förderprogramm des Landes Nordrhein-Westfalen, das auf die Koalitionsvereinbarung zwischen der SPD und Bündnis

Radstation

Einheitliches Logo für alle Radstationen

90/Die Grünen aus dem Jahr 1995 zurückgeht. Ziel ist es, in Nordrhein-Westfalen 100 Radstationen zu schaffen, so dass flächendeckend jede größere Stadt über eine Radstation verfügt. Um die Umsetzung dieses Vorhabens zu fördern, wurde eine Entwicklungsagentur für Radstationen eingerichtet, die beim ADFC-Landesverband in Düsseldorf angesiedelt ist. Hier laufen in der Regel sämtliche Fäden aller Institutionen, die an dem Bau einer Radstation beteiligt sind, zusammen. Neben den Kommunen ist die Deutsche Bahn AG ein wichtiger Partner der Entwicklungsagentur. Es konnte erreicht werden, dass die DB den Kommunen geeignete Grundstücke oder Gebäude zehn Jahre mietfrei zur Verfügung stellt.

Mittlerweile sind über 30 Projekte realisiert, so dass jetzt Städte wie zum Beispiel Mülheim, Hamm oder Oberhausen über eine Radstation verfügen. Im Rahmen des Förderprogramms wurde am 12. Juni 1999 auch die derzeit größte Radstation Deutschlands in Münster mit ca. 3000 Stellplätzen eröffnet.

Bismarkstraße Blickrichtung Hauptbahnhof

Preisgestaltung an allen Radstationen in NRW

Die ADFC-Entwicklungsagentur hat ein Preiskonzept mit einheitlichem Preisgefüge entwickelt, das in allen Radstationen in Nordrhein-Westfalen verwendet werden soll. Eine einheitlich übersichtliche Preisgestaltung prägt sich besser ein und erhöht die Akzeptanz in der Bevölkerung.

So kostet ein Tagesticket zur Zeit 1 DM, ein Monatsticket 12 DM und ein Jahresticket 120 DM.

Die Öffnungszeiten

Die Öffnungszeiten dagegen variieren von Stadt zu Stadt. So hat die Radstation in Gütersloh Öffnungszeiten von:
Mo-Fr von 5.30 - 20.30 Uhr,
Sa von 6.30 - 16.30 Uhr,
und So von 8.00 - 18.00 Uhr.

In Oberhausen dagegen:
Mo-Fr von 6.00 - 22.00 Uhr
und Sa, So von 8.00 - 18.00 Uhr

...und in Düsseldorf?

Ob auch in Düsseldorf jemals eine Radstation eingerichtet wird, vermag zum jetzigen Zeitpunkt wohl niemand so recht zu sagen. Die seit ca. 12 Jahren in Planung befindliche Radstation am Hauptbahnhof war im Herbst 1999 einmal mehr ins Stocken geraten. Nachdem sich die alte Ratsfraktion aus SPD und Bündnis 90/Die Grünen in der letzten Ratssitzung vor der Kommunalwahl mit Mühe zu einer Variante eines Fahrradturms mit ca. 180 Stellplätzen vor dem Hauptbahnhofgebäude hatte durchringen können, stellte die Stadtverwaltung fest, dass die daraufhin erfolgte Ausschreibung des Projektes derart mit formalen Mängeln behaftet war, dass diese zurückgezogen werden musste. Von Seiten der Verwaltung wurde zwar eine neue Ausschreibung in Aussicht gestellt, jedoch fehlt hierfür im Moment noch der politische Auftrag durch die neue Ratsmehrheit.

Interessant ist dabei die Tatsache, dass die zur Fahrradstraße umgebaute Bismarckstraße als Bestandteil einer Radroute durch die Innenstadt nur seitens des Landes NRW gefördert wird (mit ca. DM 240.000), wenn diese auch ein konkretes Ziel zum Beispiel in Form einer Radstation besitzt. Der Vorschlag des ADFC Düsseldorf, eine Radstation in der ehemaligen Güterabfertigung des Hauptbahnhofes einzurichten, was mit einer erheblichen Kostenersparnis verbunden wäre, sollte zwar angeblich von der Stadtverwaltung noch einmal überprüft werden, blieb aber bislang ohne Resonanz.

Mit dem Rad in Bus und Bahn

Telefon Rheinbahn
Tel: 0211 / 19449

www.rheinbahn.de

Telefon VRR
Tel: 01803 / 002000

www.vrr.de

Telefon VRS
Tel: 0221 / 20808-0

Verkehrsverbund Rhein-Sieg

Telefon Deutsche Bahn
Tel: 01805 / 996633

www.bahn.de

Fahrrad-Hotline der DB
Tel: 01803 / 194194

(März bis November)

Fahrradabteil in der neuen Regiobahn

Hauptbahnhof Düsseldorf

Die Möglichkeiten der Fahrradmitnahme in den öffentlichen Verkehrsmitteln haben sich in den letzten Jahren kontinuierlich verbessert. So hat die Deutsche Bahn eine eigene Fahrrad-Hotline eingerichtet und die Broschüre „Bike & Bahn" erstellt. Diese informiert über den jeweils aktuellen Stand und die Angebote der Bahn für Radler und bietet einen Überblick über die Tarife für die Fahrradmitnahme in allen deutschen Tarifzonen sowie über deutsche Radvermietstationen.

Der VRR informiert in der stets aktualisierten Broschüre „Auf Tour an Rhein und Ruhr" über Ausflugsmöglichkeiten im VRR-Bereich, auch mit dem Rad. Tarife der Fahrradmitnahme siehe Tabelle.

Fahrradmitnahme im Talent

Überblick über die ÖPNV-Tarife*
für die Fahrradmitnahme

Verkehrsverbund, Transportmittel	Ticket, Geltungsbereich	Kosten	Beförderungszeiten
Im Geltungsbereich des VRR in Nahverkehrszügen ohne Gepäckwagen bzw. Gepäckabteil (S-Bahn, SE, RE)	Besitzer des Ticket 2000, Young Ticket Extra, School Ticket Extra **innerhalb** des Zonengeltungsbereich des Tickets	Kostenlos	Mo-Fr vor 6.30 Uhr und nach 9.00 Uhr samstags, sonntags und feiertags ganztägig
In Nahverkehrszügen (S-Bahn, SE, RE) im Geltungsbereich des VRR	Besitzer des Ticket 2000, Young Ticket Extra, School Ticket Extra **außerhalb** des Zonengeltungsbereichs des Tickets. Inhaber aller anderen Tickets des VRR	Zusatzticket pro Fahrrad derzeit DM 3,10	Mo-Fr vor 6.30 Uhr und nach 9.00 Uhr samstags, sonntags und feiertags ganztägig
In Bussen, Straßenbahnen, Stadtbahnen im Geltungsbereich des VRR	Besitzer des Ticket 2000, Young Ticket Extra, School Ticket Extra und innerhalb des Zonengeltungsbereichs des Tickets	Kostenlos	jederzeit, sofern Platz vorhanden. Passagiere und Kinderwagen haben Vorrang
In Bussen, Straßenbahnen, Stadtbahnen im Geltungsbereich des VRR	Besitzer des Ticket 2000, Young Ticket Extra, School Ticket Extra außerhalb des Zonengeltungsbereichs des Tickets sowie Inhaber aller anderen Tickets des VRR	Zusatzticket pro Fahrrad derzeit DM 3,10	jederzeit, sofern Platz vorhanden. Passagiere und Kinderwagen haben Vorrang
In Schienenfahrzeugen (S-Bahn, SE, RE) im Geltungsbereich des VRS	Besitzer eines Zeitkartenabos	Mo-Fr ab 19.00 Uhr sowie Sa, So und feiertags ganztägig kostenlos. Sonst pro Fahrrad ein Ticket Erwachsene Preisstufe A (derzeit 3,40 DM)	Mo-Fr zwischen 9.00 - 15.30 Uhr und ab 18.00 Uhr Sa, So und feiertags ganztägig
VRS im Busverkehr	Besitzer eines Zeitkartenabos	Mo-Fr ab 19.00 Uhr sowie Sa, So und feiertags ganztägig kostenlos. Sonst pro Fahrrad ein Ticket Erwachsene Preisstufe A (derzeit 3,40 DM)	9.00 - 12.00 Uhr und ab 18.00 Uhr
VRR / VRS Züge des Nahverkehrs	Strecke zwischen Düsseldorf / Köln	Ein Zusatzticket pro Fahrrad. Es gilt der Tarif des Einstiegsbahnhofs.	Keine Sperrzeit
Über die Grenzen des VRR hinaus	Nahverkehrszüge bis 100 km oder Schönes-Wochenend-Ticket	Derzeit DM 6,00 pro Fahrrad und Reisetag	Keine Sperrzeit
Deutsche Bahn	Mehr als 100 km oder mit IR, IC, EC	DM 12,00 ohne Bahncard DM 9,00 mit Bahncard	Keine Sperrzeit
Ausland	Nur für die Hinfahrt bei der DB lösbar.	DM 16,00	Keine Sperrzeit

*ÖPNV - öffentlicher Personennahverkehr

Wochenend und Sonnenschein

Tourenvorschläge

Der Streckenverlauf entspricht nicht unbedingt den auf der Karte vorgeschlagenen Routen, da diese sich primär am Alltagsverkehr orientieren.

Für die nähere Umgebung haben wir einige Routen verschiedenen Schwierigkeitsgrades ausgewählt.

Bertha-von-Suttner-Platz, Rückseite Hbf.

Der Norden Düsseldorfs

Hauptbahnhof Düsseldorf – Rheinschiene – Kaiserswerth – Kalkum – Lichtenbroich – Zoo – Hauptbahnhof.
Ca. 35 km, leicht zu fahrende Strecke.

Wir starten vom Vorplatz des Hauptbahnhofs Düsseldorf und fahren in Richtung Rhein über die Bismarckstraße, Steinstraße, Benrather Straße, am Karlplatz vorbei, Orangerie- und Bäckerstraße, das Stadtmuseum passierend an den Rhein.
Dann Richtung Norden die ausgeschilderte „Rheinschiene" entlang, über den Kittelbach auf die Burgallee. Links die Ruine Kaiserpfalz lassend, biegen wir rechts in den Kaiserswerther Markt ein, überqueren die Niederrheinstraße, Arnheimer Straße und fahren die etwas südlich gelegene Schleifergasse bis zum Ende.
Dort rechts, dann wieder links auf den Zeppenheimer Weg, links in die Alte Kalkumer Straße, rechts in die Oberdorfstraße. Deren Lauf folgend umrunden wir einen Teil des Kalkumer Schloßparks, kreuzen die Kalkumer Schloßallee und biegen von der Unterdorfstraße rechts ab in die Viehstraße.
Nach der Überquerung der geplanten B8 und des Weges „An der Reith" vor den Teichen rechts halten: Lünen'sche Gassen, hinter der Bahnbrücke und der Reitanlage rechts auf „An der Anger", die Kalkumer Schloßallee ein weiteres Mal kreuzend auf den Tiefenbroicher Weg, rechts auf die Kranenburgstraße, die in den Lichtenbroicher Weg übergeht.
Die Theodorstraße überquerend geht der Lichtenbroicher Weg über in „Am Klosterhof" und in die Unterrather Straße, die wir kurz nach der S-Bahn-Brücke verlassen: links in die Hoferhofstraße, von dort in den Fallingweg und die Korveyer Straße, an deren Ende rechts, dann links und wieder links auf den Höxter Weg, rechts unter den Bahngleisen auf den Vogelsanger Weg, nächste rechts bis ende der Sackgasse, an den Bahngleisen entlang unter die Grashofstraße auf die Liststraße, die Münsterstraße überquerend links runter fahren in die Buscherstraße, dann rechts in die Lacombletstraße. Dieser folgen bis sie in die Mulvanystraße übergeht.
Dann rechts auf die Grunerstraße und diese querend links auf die Ahnfeldstraße. Die Rethelstraße querend weiter auf der Achenbachstraße, links in die Schumannstraße, die Lindemannstraße querend rechts auf die Hans-Sachs-Straße.
Über die Grafenberger Allee auf die Hoffeldstraße, unter den Bahngleisen hindurch auf die Behrensstraße, links dem Fahrradweg der

Kettwiger Straße folgend bis zum Oberbilker Markt, dort rechts in die Kölner Straße, links in die Velberter Straße bis zum Bertha von Suttner-Platz auf der Bahnhofsrückseite.

Der Norden Düsseldorfs

Hbf. Düsseldorf – Kaiserswerth – Kalkum – Hinkesforst – Oberbusch – Blauer See – Knittkuhl – Aaper Wald – Grafenberg – Flingern – Hauptbahnhof Düsseldorf. Ca. 50 km, Strecke mit Steigungen.

Grafenberger Wald

Die vorherige Tour ist ab der Lünen'schen Gassen auszuweiten in Richtung Mettmann. Statt von der Lünen'schen Gassen rechts Richtung Düsseldorf zurückzukehren, biegen wir links in „An der Anger" ein, in Richtung Norden, fahren den Angerbach entlang, links auf „Zur Lindung", rechts „Am Mühlendamm", dann wieder rechts und an der Kellnerei (Ringburg) vorbei links auf die Graf-Engelbert-Straße Richtung Norden.

Dann rechts auf den Radweg der Lintorfer Waldstraße, von dort aus rechts in die Kalkstraße, die linker Hand übergeht ins Soestfeld. Vor der Bahnlinie rechts, dann links auf die Tiefenbroicher Straße, die unter der Bahnunterführung herführt, weiter nordöstlich, dann rechts in den Hülsenbergweg.

Wir überqueren die A 52, fahren „Auf den Kämpen" passierend rechts den Junkernbusch in das Waldgebiet Oberbusch, überqueren den Hinkesforstgraben und eine Landwegekreuzung. An der Abzweigung rechts und ein Stück hinter der Einmündung eines Weges, dann links „Zum blauen See". Linker Hand liegen der Blaue See und der Märchenzoo. Wir folgen dem Straßenverlauf rechts über die der S-Bahn-Schienen, dann links auf die Teichstraße, überqueren die Brückstraße und folgen dem Verlauf von „In der Brück".

Die Schienen querend gelangen wir „Auf die Aue", rechts in die Bruchstraße, an deren Ende rechts: Am Pfingstberg, links in die Homberger/Brachter Straße, den Radweg entlang, rechts in Rommeljans, links in den Altenbrachtweg, rechts die A3 überquerend, rechts in den Ilbeckweg, an dessen Ende links auf die Ratinger Straße.

Diese querend rechts auf den Gollenbergsweg, rechts auf den Diepensieper Weg, Hornser Weg, rechts auf die Hasselbecker Straße, links auf den Borner Weg, rechts die Knittkuhler Straße entlang, links auf den Grütersaaper Weg. Dieser mündet in den Bauenhäuser Weg. Nach einem Stück Rennbahnstraße biegen wir rechts in den Rolander Weg und fahren hinter der Ernst-Poensgen-Allee an den Tennisplätzen an der tiefergelegten Bahn entlang.

Gutenbergstraße, Limburgstraße, Heinzelmännchenweg bis zum Hellweg. In diesen rechts, über die Cranachbrücke, dann links in die Lindenstraße, nochmals links in die Hoffeldstraße, unter den Bahngleisen hindurch auf die Behrenstraße, links dem Fahrradweg der Kettwiger Straße folgend bis zum Oberbilker Markt, dort rechts in die Kölner Straße, links in die Velberter Straße bis zum Bertha-von-Suttner-Platz auf der Bahnhofsrückseite.

Tourenvorschläge

Der Süden Düsseldorfs

Hafen – Volmerswerther Deich – Schloß Mickeln – Abstecher Zons – Schloß Garath – Südstrand Unterbacher See – Schloß Eller – Stadttor. Ca. 50 km, Strecke mit leichten Steigungen, eher leicht befahrbar, kulturell interessant.

Wir starten auf dem Rheinufertunnel an der Pegeluhr. Von dort aus fahren wir den Rhein entlang stromaufwärts am Landtag vorbei, überqueren die Hafenbrücke und genießen von oben das strahlende Rheinpanorama und den Blick auf das Hafengelände mit den Gery-Bauten.
Dann geht es die Bremer Straße und die Lausward entlang (Vorsicht: fliegende Golfbälle!), den Rhein fest im Blick, unter der Hammer Eisenbahnbrücke her, weiter den Rhein hinauf, unter der Südbrücke her und auf dem Hammer, Volmerswerther und Fleher Deich Richtung Universitätsgelände, dann aber parallel zur Münchner Straße am Wasserwerk Flehe vorbei und auf die Himmelgeister Landstraße.
Am Bärenkamp, rechts in die Maikammer, wieder rechts auf die Alt Himmelgeist, dann links in die Nikolausstraße. Wir passieren rechter Hand die alte Kirche Sankt Nikolaus und zur linken Schloß Mickeln, immer geradeaus auf dem Kölner Weg, dann links auf den Itterdamm, der übergeht ins Wiedfeld, das Wasserwerk lassen wir linker Hand und gelangen zur Straße „Am Trippelsberg", in die wir rechts einbiegen, bis wir die Bonner Straße erreichen. Dort ebenfalls rechts und auf dem Radweg bis zum Benrather Schloßufer, d.h. wir fahren nicht auf die Benrather Schloßallee, sondern nähern uns dem Barockschloß von der Rhein-und Parkseite.
Nach einem beschaulichen Ausflug - auf Filzpantoffeln - in alte Zeiten geht es zurück zu dem Benrather Schloßufer. Am Alten Rhein und auf den Baumberger Weg. Wo diesen der Ortweg kreuzt, können wir uns rechts in Richtung Rhein wenden und mit der Fähre einen Abstecher nach Zons unternehmen. Oder wir fahren weiter den Baumberger Weg entlang und passieren eine andere historische Stätte, Haus Bürgel, ehemals Standort eines Römerkastells.
Am Ortsrand zu Baumberg biegen wir links in die Schallenstraße, dann Im Sträßchen, Am Garather Mühlenbach entlang Am Reiterhof vorbei, über den Bach und direkt rechts durch die Unterführung der S-Bahn-Linie und Autobahn, den Fluss entlang der Frankfurter Straße, dann rechts. Am Kapeller Feld, von wo aus man in die Garather Schloßallee Richtung Schloß Garath einbiegen kann. Weiter auf Am Kapeller Feld in den Garather Wald, an der Weggabelung rechts halten.
Auf der Horster Allee geht es weiter, die Düsseldorfer Straße schräg rechts querend, auf der Forststraße über die Hülsenstraße hinüber nach Im Hock am Waldrand rechts in Richtung Bahnstrecke und links an dieser entlang bis zur Unterführung rechter Hand.

Fähre in Zons

Schloß Mickeln

Ca. 50m weiter Richtung Meide liegt der Aussichtsturm Elbsee.
Wen es dann weiter zieht, der fährt links zwischen der Bahn und dem Elbsee dem Weg folgend (rechts, links, dann vor der nächsten Unterführung rechts unter der Autobahn her, vor Am Kleinforst rechts) in Richtung Strandbad Süd, dort links am Unterbacher See entlang und parallel zur Straße Am Kleinforst bis zur S-Bahn-Station Eller, die Unterführung Richtung Eller auf der Vennhauser Allee nutzend, links in die Schloßallee und die Heidelberger Straße querend am Schloßpark Eller vorbei unter der Unterführung her, erneut links, rechts und auf Am Damm und die Düssel entlang über den Werstener Tunnel dann über die Kölner Landstraße hinüber.
Danach rechts halten und hinter dem Provinzialplatz links in eine der Seitenstraßen, die in den Südpark führen. Nördlich Richtung Philipshalle halten, dann links in Richtung Volksgarten, an der Düssel entlang bis zum S-Bahnhof Volksgarten. Auf'm Hennekamp, die „Drachen" gegenüberliegend, queren und links nahe am Sportgelände vorbei bis zur Feuerbachstraße, dann entlang der Düssel durch die Karolingerstraße, an der Bachstraße links (rechter Hand liegt die Kirche Alt Sankt Martin) und auf der Germania- und Fährstraße bis zur Völklinger Straße, dort rechts die Radstrecke am Stadttor vorbei bis zum Platz des Landtags zurück.

Die andere Rheinseite:

Th.-Heuss-Brücke, Uerdinger Brücke und zurück.

Unter der Th.-Heuss-Brücke startend fährt man die Rotterdamer Straße den Rhein aufwärts bis auf den Lohauser Deich, in Kaiserswerth links, auf den Fährerweg und sofort rechts, auf den Herbert-Eulenberg-Weg. Das Haus des „rheinischen Dichters" liegt rechts auf einer Anhöhe. Nach der Anlegestelle Kaiserswerth links auf dem Leinpfad bis Wittlar, dort entweder links den Rheinuferweg und Am Damm, (schmal bereifte Radler sollten hohe fahrerische Qualitäten mitbringen) oder rechts auf den Rheinuferweg, dann links „Zur Schwarzbachmündung", links in den Schulweg, der übergeht in die Bockumer Straße.
Links Am Damm passierend den Roßpfad (links) hinein, der übergeht in „Am Hasselberg". Wer den unbefestigten Am Damm benutzt, schiebt oder klettert Am Krienengarten hoch und biegt sofort links in Am Hasselberg ein. Dann links Dionysiusweg, der wird nach einer Rechtskurve zum Rheinheimer Weg, dann links in den Rheinfeldsweg führt.
Unterhalb der Krefelder Straße (Brücke) angelangt, führt ein holpriger Weg durch ein Gebüsch auf selbige über eine betonierte Rampe. Die Uerdinger Brücke überqueren, direkt links die Floßstraße und rechts auf die Düsseldorfer Straße, an der nächsten Ampel links in die Hafenstraße, über die (schmiedeeiserne) Drehbrücke, die das Rheinhafenbecken mit der speziellen Atmosphäre alter Industrieanlagen überquert. Hentrichstraße, sofort links abbiegen, Achtung – hier sind noch Schienen der Industriebahn, links in die Bataverstraße, die nach einer Rechtskurve links in die Römerschanze führt, rechts liegt ein Modellflugplatz. Weiter der Straße nach: Stratumer Straße, Kullenberg, Ilvericherstraße. In einem alten Schulgebäude die Galerie Ilverich. Links in den Brockhofweg, über den Kuhweg hinüber, an der Gabelung links (In der Insel).
Hier wird die A44 zur neuen Rheinbrücke gebaut. Die zweite Straße links: Wildweg, hinter dem Klärwerk, auf den Rheindamm, nach rechts, hier kommt wieder ein Modellflugplatz, auf den Rheindamm (Apelter Weg) nach links abbiegen, dann die nächste Möglichkeit links Richtung Rhein herunterfahren, dort rechts. Es folgt der landschaftlich sehr schöne Rheinuferabschnitt. Hinter dem Campingplatz links auf den Niederkasseler Deich am Freibad Lörick vorbei, zur Th.-Heuss-Brücke auffahren.

Mit Kindern unterwegs

Mittagspause

Die folgende Aufzählung der Spielplätze und Attraktionen für Kinder in Düsseldorf und Umgebung erhebt nicht den Anspruch auf Vollständigkeit.
Schöne Anlaufstellen mit Kindern in Düsseldorf gibt es eigentlich mehr, als man zunächst vermutet. Relativ zentral und sehr ruhig liegt der **Wasserspielplatz** im Südpark, gut zu erreichen von der Siegburger Straße Höhe Harffstraße, oder durch den Volksgarten (Planquadrat N20). Um den Teich herum, also quasi gegenüber, liegt der Streichelzoo und ein von der Behindertenwerkstatt sehr gut geführtes und sehr kinderfreundliches Café. Insgesamt lohnt es sich für Kinder und Eltern, das ehemalige Bugagelände zu erkunden und zu erobern.

Einen weiteren **Wasserspielplatz** gibt es im Hofgarten Ecke Inselstraße / Kaiserstraße (Planquadrat L17). Er liegt sehr zentral und bietet nach einer Tour oder einem Einkauf in der Stadt Spiel und Ausgleich für die Kleinen.

Im Grafenberger Wald (Planquadrat P15) liegt ein **Wildpark**. Hier kann man in das Rotwildgehege gehen oder Wildschweine mit Gemüseabfällen aus der Küche verwöhnen.

Im Schloßpark Eller (Planquadrat Q21) befindet sich ein **Spielplatz**, der von einer großen Wiese umgeben ist und zum Ballspielen oder Picknicken einlädt.
Ein sehr schönes Schwimmbad ist das **Spassbad Düsselstrand** in Flingern (Planquadrat N18). Nicht ganz billig, aber wirklich mal ein ganz anderes Badevergnügen für groß und klein.

Sandkastenpause

Bequeme Fahrradmitnahme für Kinder

Am Aachener Patz (Planquadrat L21), direkt gegenüber vom Trödelmarkteingang gibt es den großen **Freizeitpark Ulenbergstraße**. Hier gibt es viele Geräte, wirklich lange Rutschen, Spielzeug zum Ausleihen, Tennis- und Sportplätze. Und natürlich eine große Wiese zum Picknicken und mehr.

Noch sehr neu ist der **Spielplatz** am Fürstenplatz (Planquadrat L19). Auch hier wurde an unterschiedlichste Spielgeräte für alle Altersstufen gedacht. Im Sommer ist der Platz eine richtige Kinderoase mitten in der Stadt.

Auch an der Südseite des Unterbacher Sees (Planquadrat S21) gibt es einen **Spielplatz** mit großen Spielgeräten, viel Wiese und natürlich Minigolfanlage (Nordseite) und Bootsverleih (ebenfalls Nordseite).

Etwas außerhalb, aber wunderschön gelegen und wirklich mal etwas ganz anderes ist das **Freilichttheater** in Zons (Planquadrat Q29). Hier werden von Juni bis September überwiegend Märchenspiele für groß und klein aufgeführt. Auskunft erteilt der Heimat- und Verkehrsverein der Stadt Zons e.V. Tel: 02133/37 72

An der Erft, schon zu Neuss gehörend (Planquadrat G24) befindet sich der **Kinderbauernhof** Reuschenberg samt einem Streichelzoo mit Spielplatz. Natürlich bekommt man dort auch etwas zu Essen.

Und last but not least gibt es Am blauen See (Planquadrat Q8) noch ein Freilichttheater, Märchenpark, Wiese und jede Menge Kinderunterhaltung.

Familientour im Stindertal (Erkrath)

Rasten statt rasen - die schönsten Biergärten der Umgebung

Diese Auswahl von besonders radfahrerfreundlichen Biergärten erhebt keinen Anspruch auf Vollständigkeit.

Für Gartenfreunde:
Brüderbund
Sandträger Weg 3 / Ecke Neusalzer Weg
Düsseldorf-Lierenfeld
Tel.: 0211 - 27 96 51
überdachter Biergarten (Planquadrat Q19)

Im Garten für uns alle:
Café - Restaurant - Biergarten Stoffeln
Stoffeler Kapellenweg 270
Tel.: 0211 - 78 39 49
Küche von 11.00 - 22.00 Uhr
(Planquadrat N20)

Biergarten versteckt:
Haus Marx
Ludenberger Straße 37
Düsseldorf-Grafenberg
Tel.: 0211 - 67 83 31
Montag Ruhetag, Biergarten auf dem Hinterhof, teilweise überdacht.
(Planquadrat P16)

Kleine Oase (ehemals Treibhaus):
Kleine Oase, Restaurant mit Biergarten
Kieshecker Weg 132
Düsseldorf-Unterrath
Tel.: 0211 - 47 21 40
Montag Ruhetag.
Das Restaurant befindet sich in einem ehemaligen Treibhaus. (Planquadrat L11)

Klein aber fein:
Restaurant mit Biergarten & Gaststätte
Alter Steinweg
Steinweg 9 in Düsseldorf-Gerresheim
Tel.: 0211 - 28 61 12 (Planquadrat R16)

Für's kleine Geld:
Biergarten und Restaurant Gantenberg
Prof. Dessauer Weg im Kleingartengelände
Düsseldorf-Bilk (Planquadrat L21)

Für Wanderfreunde:
Rennbahn Biergarten
Rennbahnstraße 24-26
Düsseldorf-Grafenberg
Tel.: 0211 - 96 49 517.
Hier kann man selbst mitgebrachte Speisen verkosten. (Planquadrat P14)

Für Straßenbahnfans:
Restaurant und Biergarten Buschhausen
Dachsbergweg (direkt am Aaper Wald, Haltestelle der Linie 712) (Planquadrat O13)

Für Grillfreunde:
Zum Biergarten
Düsseldorfer Straße 159
Ratingen
Tel.: 02102 - 84 23 16
Mittwoch Ruhetag. Hier darf man seine Grillwurst selber mitbringen, Grill & Kohle stellt der Wirt. (Planquadrat P11)

MARATHON BIKE STORE

Mountain-, Renn-, Trekking-, City-, Kinder & Jugendräder

Durchgehend geöffnet: Montag bis Freitag: 11 bis 19 Uhr • Samstag von 10 bis 14 Uhr
Nordstr. 8 • 40477 Düsseldorf • Tel.: 0211/49 88 08 • Fax: 0211/4 92 03 23

Anzeige

WiLLi MÜLLER Euro-Radshop

Fahrräder für die ganze Familie

W/M Bike

Fahrräder nach Maß

Sie sagen, wie Ihr Fahrrad aussehen soll,
und wir bauen es Ihnen genau so zusammen:
Ihr ganz persönliches Rennrad, Mountain-
oder Trekking-Bike.

10 JAHRE GARANTIE AUF GABEL UND RAHMEN

Außerdem führen wir:

Gary Fisher, Klein
GT
Koga Miyata
Pinarello, Mongoose
Steppenwolf
Ziemen

**Kölner Straße 42 · 40211 Düsseldorf
Telefon/Fax 0211-16 15 00**

Anzeige

Fahrradcodierung

Was ist eine Fahrradcodierung?
Die Fahrradcodierung basiert auf dem von der Polizei in Bergisch-Gladbach entwickelten Codierverfahren. In den Fahrradrahmen wird ein Code aus Personen bezogenen Daten eingraviert: Angaben zum Landkreis, Wohnort, der Straße sowie die Initialen des Eigentümers. Somit ist ein Fahrrad eindeutig seinem Eigentümer zuzuordnen.

Eine zusätzliche Registrierung des Codes in Datenbanken ist nicht erforderlich, denn das Fahrrad selbst fungiert durch den Code als rollende Datenbank. So werden potentielle Diebe abgeschreckt, und aufgefundene Fahrräder können dem Eigentümer direkt zugeordnet und zugeführt werden.

M	000	00710	018	MM
Landkreis	Gemeindeschlüssel	Straßenschlüssel	Hausnummer	Initialen des Eigentümers

Codierbeispiel

W = Landkreis; Beispiel: Mettmann
000 = Gemeindeschlüssel z.B.: Erkrath
00710 = Straßenschlüssel z.B.: Hohestraße
018 = Hausnummer
MM = Initialen des Eigentümers

Schädigt die Gravur den Rahmen?
Dieser Code wird mittels einer kleinen Fräse in das Sitzrohr auf der rechten Seite des Rahmens eingefräst. Die Graviertiefe beträgt dabei lediglich 0,1 bis 0,2 mm. Aus Stabilitätsgründen darf die Gravur nur bei den klassischen Rahmen in Diamantbauweise angebracht werden. In einem Gutachten der Technischen Universität Aachen wurde festgestellt, dass eine Gravurtiefe von 0,15 bis 0,2 mm die Stabilität bei Stahl- und Aluminiumrahmen nicht beeinträchtigt. Rahmen aus Carbon, Titan sowie verchromte Rahmen dürfen allerdings nicht codiert werden.

Was sind die rechtlichen Voraussetzungen für eine Codierung?
Die Fahrradcodierung bewirkt eine eindeutige Zuordnung des Fahrrads zu seinem Besitzer. Besonders wichtig ist daher der Eigentumsnachweis: Erst wenn die Identität des Fahrrads (durch Kaufbeleg) und die Identität des Besitzers (Ausweis, in Übereinstimmung mit dem Kaufbeleg) zweifelsfrei feststehen, kann die Codierung durchgeführt werden.

Anzeige

ÜBRIGENS:
Bei der ADFC-Diebstahlversicherung erhalten codierte Fahrräder wegen des geringeren Diebstahlrisikos einen Rabatt von 10 %.

Die Polizei codiert Räder kostenlos, u. a. auf dem Gelände der Heinrich Heine-Universität Düsseldorf. Die Termine und Orte kann man an den örtlichen Polizeidienststellen erfahren oder im Internet unter:
http://www.polizei.nrw.de/duesseldorf/aktuell/fahrrad.htm

Was tun bei Umzug oder Verkauf des Rades?

Zieht der Besitzer eines codierten Rades um, sollte er darauf achten, dass er seinen früheren Wohnsitz (Meldebescheinigung) nachweisen kann. So kann man bei einer Polizeikontrolle weiterhin sein Eigentum an dem betreffenden Rad beweisen. Wird ein codiertes Fahrrad verkauft, so muss der Käufer auf einer schriftlichen Bestätigung des Verkäufers bestehen, auf der Name und Adresse sowie Fahrradmarke und -modell enthalten sind. Ebenfalls empfehlenswert ist die Nachprüfung des Codes auf Übereinstimmung mit den Verkäuferdaten, um den Kauf eines gestohlenen Rades zu vermeiden.

Fahrradcodierung durch die Polizei

Und die Kosten?
Die Codierung eines Rades mittels Gravur in den Rahmen kostet bei

„Cycle Service"
Oberbilker Allee 57 b
40223 Düsseldorf
Tel. (0211)34 03 99
DM15,- pro Rad.
Für ADFC-Mitglieder ist sie hier kostenlos.

Fahrradcodierung durch die Polizei

Radservice

Gebrauchträder
Am jeweils letzten Sonntag in den Monaten April bis September von 14.00 bis 18.00 Uhr führt der ADFC vor dem Umwelt-Info-Zentrum an der unteren Rheinpromenade, Höhe Schulstraße einen offenen Gebrauchtradmarkt durch. Hier können Sie sich vor Ort anmelden, um gebrauchte Räder zu verkaufen oder zu kaufen. Die Standgebühr pro Fahrrad beträgt 5 DM.

Auch in den umliegenden Orten Düsseldorfs werden Gebrauchtradmärkte von Privat an Privat durchgeführt. Die genauen Termine erfahren Sie in den ADFC Geschäftsstellen. Siehe Seite 42.

Reparaturkurse
Auch bietet der ADFC Düsseldorf e.V. zum Beispiel Reparaturkurse an. Genaue Termine erfahren Sie in dem Düsseldorfer Fahrradmagazin „Rad am Rhein" oder direkt bei: ADFC Düsseldorf e..V.
Siemensstraße 46 (Oberbilk)
Öffnungszeiten: Di+Do von 17.00 – 19 Uhr
Tel: 0211 / 99 22 55 Fax: 0211 / 99 22 56

Versteigerungen von Fahrrädern
Die Polizei führt in Zusammenarbeit mit dem Fundbüro der Stadt Düsseldorf Versteigerungen gebrauchter, keinem Besitzer mehr zuzuordnende Räder durch. Termine und weitere Auskünfte können Sie den Tageszeitungen entnehmen, bei der örtlichen Polizeidienststelle oder beim Polizeipräsidium unter der Rufnummer 0211 / 870-0 erfahren.

Fahrradwerkstätten:
Die Zukunftswerkstatt Düsseldorf GmbH bietet Reparaturservice an. Nähere Infos unter Tel.: 0211 / 514 47 11 oder direkt auf der Metzer Straße 20, 40476 Düsseldorf.
Öffnungszeiten: Mo-Do. von 7.00 - 15.30 Uhr und Fr. 7.00 - 13.30 Uhr.

Zukunftswerkstatt
Die Zukunftswerkstatt Düsseldorf GmbH, deren Gesellschafter je zur Hälfte die Stadt Düsseldorf und die Wohlfahrtsverbände sind, bietet in ihrer Zweiradwerkstatt Sozialhilfeempfängern und Arbeitslosen ein Jahr lang die Möglichkeit, wieder in den Berufsalltag einzusteigen. Dort werden gebrauchte Räder zu günstigen Preisen (zwischen ca. 60,- DM und 200,- DM) angeboten. Die Zweiradwerkstatt befindet sich auf der:
Metzer Straße 20
40476 Düsseldorf
Tel.: 0211 / 46 96-153
Fax: 0211 / 46 96-129

Gebrauchtradmarkt am Düsseldorfer Rheinufer

Informationen rund ums Rad

Radwelt:
So heißt das ADFC-Magazin seit Juli 1997. Es erscheint zweimonatlich in einer Auflage von ca. 60.000 Exemplaren und behandelt alle Themen rund ums Rad, gibt umfangreiche Tips zu Touren, Technik, Kauf von Rädern, informiert über Verkehrspolitik und Technik. Alle Mitglieder des ADFC erhalten die „Radwelt" automatisch; sie ist im Mitgliedsbeitrag enthalten.

Rad am Rhein
Das Düsseldorfer Fahrradmagazin im Din-A 5 Format erscheint viermal jährlich und liegt bei allen guten Radhändlern, Büchereien und Szenekneipen kostenlos aus. Die Informationsquelle für alles rund ums Rad in Düsseldorf. Auch finden Sie hier die aktuellen Tourentermine und Veranstaltungen.

Freilauf
Ebenso kostenlos erscheint mindestens zweimal im Jahr das regionale Fahrradmagazin für den Kreis Mettmann.

Rad im Pott
Fahrradzeitschrift für Duisburg, Essen, Mülheim und Oberhausen. Diese Zeitschrift erscheint vier Mal im Jahr.

Rad-Magazin
Der ADFC Ratingen bringt einmal im Jahr ein umfangreiches Rad-Magazin mit Tourenplan für das ganze Jahr heraus.

World Wide Web
Die Zahl der Internet-Adressen für Radler ist immens und wächst täglich. Wer sich nicht kommerziell informieren will, hat es allerdings schwer. Eine gute Startadresse ist in jedem Fall die Homepage des ADFC-Bundesverbandes: http://www.adfc.de
Hier finden Sie verkehrsrechtliche Hinweise, Informationen zu neuesten technischen Entwicklungen, Urlaubsplanung mit dem Rad, Pressetexte, die Verbandszeitschrift „Radwelt" online, Links und Terminkalender mit Veranstaltungen von Reisen, Konferenzen, Messen und Erlebnistagen.

Information, Bücher, Karten

Schmökern beim ADFC

Kartenmaterial, Radreise- und Radwanderführer sowie Informationsbroschüren für das In- und Ausland bekommen Sie in der ADFC-Geschäftstelle auf der Siemensstraße 46. Hier können Sie dienstags und donnerstags in der Zeit von 17.00 - 19.00 Uhr in Ruhe schmökern und sich beraten lassen.

Fahrradreparaturbücher
Alle kleinen und großen Reparaturen außer dem Schweißen des Rahmens enthält das Buch „Fahrradheilkunde" von Ulrich Herzog: (Verlag Moby Dick). Eine für Laien gut verständliche Rundumreparaturanleitung bietet auch Christian Kuhtz: „Rad kaputt".

Regionale Radwanderkarten

**ADFC- Regionalkarte 1:75 000
Niederrhein 1**
Die neue große Radwanderkarte nördlich von Düsseldorf für Wochenendtour und Tagesausflug.

ADFC- Regionalkarte 1:75 000
Köln/Bonn
Die neue große Radwanderkarte südlich von Düsseldorf für Wochenendtour und Tagesausflug.

In diesem Fahrradstadtplan Düsseldorf sind Teilstücke von 3 überregionalen Routen eingetragen:

Zwischen Rhein und Maas (RHMA)
Aus der Reihe Dumont Radwandern. Wird bis 2002 nach und nach ausgeschildert.

Kaiser-Route (Kaiser)
Auf den Spuren Karls des Großen.
Aachen – Paderborn. Gut ausgeschildert.

Erlebnisweg Rheinschiene (ERS)
Radeln zwischen Bonn, Köln, Düsseldorf und Duisburg. Gut ausgeschildert.

Geführte Radtouren

Der **ADFC Düsseldorf e.V.** führt regelmäßig Touren in der näheren und weiteren Umgebung von Düsseldorf durch. Nichtmitglieder zahlen eine kleine Teilnahmegebühr. Auch in den Orten um Düsseldorf herum bietet der ADFC geführte Radtouren mit Startpunkten in den jeweiligen Orten an. Die Tourenprogramme können direkt in der Düsseldorfer ADFC Geschäftsstelle: Siemensstraße 46, Öffnungszeiten: Di-Do von 17.00 bis 19.00 Uhr Tel: 0211/99 22 55 bezogen werden, oder auch bei den ADFC-Ansprechpartnern (s.S. 42).

Die **Geschichtswerkstatt Düsseldorf** veranstaltet Fahrradtouren zur Geschichte Düsseldorfs. Stadtteile wie Bilk, Flingern oder Flehe, aber auch die weitere Umgebung Düsseldorfs wie beispielsweise Zons werden mit dem Rad historisch, vornehmlich industrie- und alltagsgeschichtlich erkundet. Die Teilnahme an einer solchen Geschichtstour beträgt DM 10 pro Person. Die Termine sind aus der Tageszeitung zu erfahren oder direkt bei der „Geschichtswerkstatt Düsseldorf e.V.", Königsallee 106, 40215 Düsseldorf.
Öffnungszeiten: Mi 10.00 - 12.00 Uhr, Do 18.00 - 20.00 Uhr, Telefon: 0211 - 32 39 29.

Dort können Sie ein halbjährlich erscheinendes Faltblatt mit den neuen Veranstaltungsterminen erhalten. Sonderführungen veranstaltet die Geschichtswerkstatt gegen ein Entgeld von 200 DM. Auf Wunsch finden Führungen in englischer oder französischer Sprache statt.

Buchtipp

Mit Kindern radeln – rund um Düsseldorf
Insgesamt werden 21 Touren beschrieben. Alle Start- und Zielpunkte sind mit dem VRR erreichbar. Die Touren sind zwischen 10 und 50 km lang. Die meisten sind ca. 30 km lang und vorwiegend auf verkehrsfreien Wegen oder wenig befahrenen Straßen, so dass sie als Tagesfahrt mit Kindern aber auch für andere weniger geübte Radler taugen. An jeder Tour liegen meist mehrere für Kinder und Erwachsene attraktive Ziele: von Eisdiele über Spielplatz, bis Zoo oder Freilichtmuseum. Öffnungszeiten und Preise sind genau angegeben. Dazu kommen farbige Kartenskizzen und eine Streckencharakteristik. Durch Querformat und Spiralbindung ist das Buch auch praktisch in der Handhabung. Erhältlich ab Mitte 2000. Preis DM 24.80

Adressen und Radhändler

Der ADFC befragte Düsseldorfer Radhändler nach ihrem Fahrradangebot. Nachfolgend eine Aufschlüsselung zum bequemen Auffinden eines passenden Fahrradhändlers.

CityRäder	1
Fahrradkleidung	21
Falträder	10
Gebrauchträder	19
Hollandräder	3
Kinderanhänger	5
Kinderräder	17
Komforträder	16
Lastenräder	4
Liegeräder	9
MTB	8
Rennräder	2
Sonderanfertigungen	6
Tandems	11
Transporträder	13
Trekkingräder	7
Verleih von Fahrrädern	25

Sortiert nach Postleitzahlen

Rosso Sport
Düsselthaler Straße 48b
40211 Düsseldorf
Tel: 0211 - 51 41 776
Mo-Fr. 15.00 - 19.00 oder nach Vereinbarung und Sa 10.00 - 14.00 Uhr
Internet: www.rosso-sport.de
Im Progamm: **2,6,21***
Siehe Radsymbol Planquadrat M17

Zweiradstudio Jung& Volke
Jahnstraße 22-24
40215 Düsseldorf
Tel: 0211 - 37 60 77
Internet: www.Jung-Volke.de
Mo-Fr. 9.30 - 18.00 und Sa. 9.30 - 14.00 Uhr
Im Progamm: **1,2,3,5,7,8,10,13,16,17 19a,21***
Siehe Radsymbol Planquadrat L18

Rad ab, Fahrradladen·GmbH *(Fördermitglied)*
Friedrichstraße 112
40217 Düsseldorf
Im Progamm: **1,2,3,4,5,6,7,8,9,10,11,13 16,17,19a,25a***
Siehe Radsymbol Planquadrat L19

Magno, Fahrräder & Radsport *(Fördermitglied)*
Bilker Allee 167
40217 Düsseldorf
Tel: 0211 - 33 53 26
Mo-Di. 10.00 - 18.30 Uhr
Do-Fr. 10.00 19.00 Uhr Sa 10.00 14.00 Uhr
Im Progamm: **1,2,3,5,6,7,8,13,16,19a,21,25a***
Siehe Radsymbol Planquadrat L19

Frank Müller, Zweiräder-Verkauf u. Service
Bilker Alle 33
40219 Düsseldorf
Tel: 0211 - 39 14 85
Mo-Fr. 9.00 - 13.00 und 15.00 - 18.30 Uhr
Sa. 9.00 - 13.00 Uhr
Im Progamm: **1,2,3,5,7,8,9,10,11,13,16 17,19a***
Siehe Radsymbol Planquadrat K19

cyceltec
Rad und Sport GmbH
Aachner Straße 3
40223 Düsseldorf
Tel: 0211 - 33 26 31
Internet: www.cycletec.de
Im Progamm: **2,7,8,21***
Siehe Radsymbol Planquadrat L20

Cycle Service, Helbig-Susenberger GbR *(Fördermitglied)*
Oberbilker Allee 57b
40223 Düsseldorf
Tel: 0211 - 34 03 99
Internet: www.cycle-service.de
Im Progamm: **1,5,6,7,8,9,13,16,25b***
Siehe Radsymbol Planquadrat M19

Cycle *(Fördermitglied)*
Brunnenstraße 1
40223 Düsselorf
Tel: 0211 - 34 95 40
Im Progamm: **1,2,6,7,8,17,21***
Siehe Radsymbol Planquadrat L20

Zweiradhaus, Eller Mega Store
Klein Eller 58
40229 Düsseldorf
Mo-Fr. 9.30 - 13.00 und 14.00 - 18.30 Uhr
Sa. 9.30 Uhr
Tel: 0211 - 21 21 27
Internet: www.pestka.de
Im Progamm:**1,2,3,5,6,7,8,10,11,13,16,17 19b, 21*** Siehe Radsymbol Planquadrat P20

*****Aufschlüsselung siehe oben**

K&K, Fahrrad und Freizeit GmbH
Vennhauser Allee 15-17
40229 Düsseldorf
Tel: 0211 - 21 20 45
Mo-Fr. 10.00 - 13.00 und 15.00 - 18.00 Uhr
Sa. 10.00 - 14 Uhr
Im Progamm: **1,2,3,4,5,6,7,8,9,10,11,14, 16,17,19c,21,25a***
Siehe Radsymbol Planquadrat Q20

Fahrrad Egert
Ackerstraße 143
40233 Düsseldorf
Tel: 0211 - 66 21 34
Mo-Fr. 10.00 - 18.30 und Sa. 10.00 - 16.00 Uhr
Im Progamm: **1,2,3,6,7,8,10,16,17***
Siehe Radsymbol Planquadrat N17

Fördermitglied

reCycler Zweiradservice, Peter Rewald
Herderstraße 26
40237 Düsseldorf
Tel: 0211 - 68 35 85
Im Progamm: **1,3,6,7,8,10,16,17,19a***
Siehe Radsymbol Planquadrat M16

2Rad Fachgeschäft,
Erwin Lohrmann GmbH
Kleinschmitthausener Weg 9
40468 Düsseldorf
Tel: 0211 - 42 30 026
Fax: 0211 - 42 30 026
8.30 - 13.00 und 15.00 - 18.30
Sa. und Mi. 8.30 - 13.00
Im Progamm: **1,3,5,6,7,8,10,11,13,16 17,19a***
Siehe Radsymbol Planquadrat L13

Zukunftswerkstatt Düsseldorf GmbH
Metzer Straße 20
40476 Düsseldorf
Tel: 0211 - 46 96 153
Siehe Radsymbol Planquadrat L15

Fahrrad Müller
Blücherstraße 9
40 477 Düsseldorf
Tel: 0211 - 44 57 14
Internet: www.fahrrad-mueller.de
Im Progamm: **1,2,3,5,6,7,8,16,17***
Siehe Radsymbol Planquadrat L16

Marathon Bike Store
Nordstraße 8
40477 Düsseldorf
Tel: 0211 - 49 88 08
Mo-Fr 11.30 - 19.30 und Sa 10.00 - 14.00 Uhr
Im Progamm: **1,3,4,5,7,8,10,11,13,16,17,19a***
Siehe Radsymbol Planquadrat L16

Zweiradhandel, Thomas Just
Jordanstraße 18
40477 Düsseldorf
Tel: 0211 - 46 46 45
Im Progamm: **1,2,6,7,8,10,16,17,19d***
Siehe Radsymbol Planquadrat M16

Fördermitglied

Fahrrad Egert
Prinz-Georg-Straße 116
40479 Düsseldorf
Tel: 0211 - 36 52 07
Mo-Fr. 10.00 - 18.30 und Sa. 10.00 - 16.00 Uhr
Im Progamm: **1,2,3,6,7,8,10,16,17***
Siehe Radsymbol Planquadrat M17

Zweirad Brokerhoff Meisterbetrieb
Graf-Engelbert Straße 37
40489 Düsseldorf
Tel: 0203 - 74 01 54
Mo,Di,Do,Fr von 8.30 - 13.00 und 15.00 - 18.30
Mi,Sa 8.30 - 13.00 Uhr
Im Progamm: **1,3,5,6,7,8,10,11,13,17 19a,21,25a***
Siehe Radsymbol Planquadrat M6

Fahrrad Egert
Lanker Straße 1
40545 Düsseldorf
Tel: 0211 - 55 70 267
Mo-Fr. 10.00 - 18.30 und Sa. 10.00 - 16.00 Uhr
Im Progamm: **1,2,3,6,7,8,10,16,17***
Siehe Radsymbol Planquadrat J17

Fahrräder Kranz
Liebfrauenstraße 6
40591 Düsseldorf
Tel: 0211 - 76 36 91
Im Progamm: **1,3,7,8,10,17***
Siehe Radsymbol Planquadrat O21

Fahrradhaus Garath
Peter Behrens Straße 93
40595 Düsseldorf
Tel: 0211 - 70 21 013 (Bitte umblättern)

*Aufschlüsselung siehe Seite 36 oben

Mo-Fr. 9.00 - 13.00 und 15.00 - 18.00 Uhr
Sa. 9.00 - 13.30 Uhr
Im Progamm: **1,2,3,6,19c,21***
Siehe Radsymbol Planquadrat T27

ergocycle, Ingenieurbüro für Radsporttechnik
Börchemstraße 7
40597 Düsseldorf
Tel: 0211 - 99 62 944
Internet: www.ergocycle.de
Mo-Fr. 9.00 - 16.00
Im Progamm: **2,6,21***
Siehe Radsymbol Planquadrat S25

Hans Dieter Dietz
Grubener Straße 48
40627 Düsseldorf
Tel: 0211 - 27 99 53
Mo-Fr 9.00 - 13.00 und 15.00 - 18.00
Siehe Radsymbol Planquadrat Q18

Radsport Ing. H. Jachertz GmbH
Gerresheimer Landstr. 74
40627 Düsseldorf
Tel: 0211 - 20 46 45
Siehe Radsymbol Planquadrat U20

Richters Fahrradlädchen
Benderstraße 96
40625 Düsseldorf
Tel: 0211 - 28 28 28
Kinderräder, Gebrauchträder
Im Progamm: **1,2,3,4,6,7,8,17,19a***
Siehe Radsymbol Planquadrat R16

Caritasverband für die Stadt Düsseldorf e.V.
Im Grund 73
40747 Düsseldorf
Tel: 0211 - 45 42 773
Mo-Do. 8.00 - 16.00 und Fr. 8.00 - 12.00 Uhr
Im Progamm: **19d,25a***
Siehe Radsymbol Planquadrat I 12

Folgende Firmen fördern den ADFC Düsseldorf e.V.

Sack und Pack (Reiseausrüstung)
Brunnenstraße 6
40223 Düsseldorf (Bilk)
Tel: 0211 - 34 90 48

Querlenker (CarSharing)
Himmelgeister Straße 107a
40225 Düsseldorf (Bilk)
Tel: 0211 - 905 33 55

Düsseldorfer Buchhandlung
Wissmannstraße 32
40219 Düsseldorf (Unterbilk)
Tel: 0211 - 39 32 31

Hercules (Vollwertbäckerei)
Ulmenstraße 120
40476 Düsseldorf (Derendorf)
Tel: 0211 - 45 07 96

Radhändler aus der Umgebung von Düsseldorf

Bike Box
Kölner Straße 51
41539 Dormagen
Tel: 02133 - 478102
Siehe Radsymbol Planquadrat P32

Boeker Florastr. 23
41539 Dormagen
Tel: 02133 - 3356
Planquardrat P32

Rad ab
Krefelder Straße 101
41539 Dormagen
Tel: 02133 - 48038
Siehe Radsymbol Planquadrat O30

Rufa Sport Blum GmbH
Kieler Straße 5
41540 Dormagen
Tel: 02133 - 210257
Planquadrat N32-O32

Bensberg, Theo
Großenbaumer Allee 4
47269 Duisburg
Tel: 0203 - 761604
Siehe Radsymbol Planquadrat L2

Ingo's Ecke
Hildener Str. 10b
40699 Erkrath
Tel: 02104 - 36611
Siehe Radsymbol Planquadrat W18

Radshop Arbeiter
Kreuzstr. 33
40699 Erkrath
Tel: 0211 - 242976
Siehe Radsymbol Planquadrat U18

Radsport Michalsky
Sandheider Str. 200
40699 Erkrath
Tel: 02104 - 43919
Siehe Radsymbol Planquadrat X20

Zweirad Neukirchen
Jakobusplatz 5
41516 Grevenbroich
Tel: 02182 - 7185
Siehe Radsymbol Planquadrat E29

Bike Shop
Gerresheimer Str. 184
40721 Hilden
Tel: 02103 - 360166
Planquadrat V21-W24

Lampenscherf
Wehrstr. 3 - 5
40721 Hilden
Tel: 02103 - 54809
Planquadrat V24

Lüdtke, Bärbel
Hofstr. 12
40723 Hilden
Tel: 02103 - 581796
Planquadrat W24-W25
und Gerresheimer Str. 18
440723 Hilden
Tel: 02103/ 36 01 66

Vonhoff, Fritz
Leibnizstr. 11
40723 Hilden
Tel: 02103 - 69149
Planquadrat X24

Peter Leweling
Beethovenstr. 19a
40724 Hilden
Tel: 02103 - 44850
Planquadrat V22-W22

Fahrrad Watzke
Kurfürstenstraße 49
47829 Krefeld
Tel: 02151 - 46805
Siehe Radsymbol Planquadrat C3

Zweirad Nibbeling
Oberstraße 19-21
47829 Krefeld
Tel: 02151 - 480619
Siehe Radsymbol Planquadrat C3

Zweiradshop Kall's
Körnerstraße 9
47829 Krefeld
Siehe Radsymbol Planquadrat C2

Kleefisch
Berghausener Str 1
40764 Langenfeld
Tel: 02173 - 71764
Siehe Radsymbol Planquadrat X28

Zweiradcenter Hafke
Solinger Straße 42
40764 Langenfeld
Tel: 02173 - 82667
Siehe Radsymbol Planquadrat X30

Grebe
Solinger Straße 152
40764 Langenfeld
Tel: 02173 - 25 00 07
Siehe Radsymbol Planquadrat Q30

Radsport Grube
Moerser Str. 30
40667 Meerbusch
Tel: 02132 - 960482
Siehe Radsymbol Planquadrat E14

Winden
Meerbuscher Str. 33
40670 Meerbusch
Tel: 02159 - 2459
Siehe Radsymbol Planquadrat A13

Zweirad Franz
Auf der Hüls 4
40822 Mettmann
Tel: 02104 - 976476
Planquadrat X14

*Aufschlüsselung siehe Seite 36 oben

Kappitz, Peter
Geschw. Scholl Str. 55
40789 Monheim
Tel: 02173 - 967817
Planquadrat U28-U30 Karte)

Bebber
Wilhelm Niederwallstraße 27
41460 Neuss
Tel: 02131 - 222759
Siehe Radsymbol Planquadrat F20

Cycle Shop
Double-U Büttger
Straße 37
41460 Neuss
Tel: 02131 - 278175
Siehe Radsymbol Planquadrat E20

Birkenstock
GmbH Moselstraße 15
41464 Neuss
Tel: 02131 - 45588
Siehe Radsymbol Planquadrat E23

Oberländer
Norbert Lupinienstraße 44
41466 Neuss
Tel: 02131 - 465964
Siehe Radsymbol Planquadrat F24

Willi Stranz
Hauptstraße 20
41472 Neuss
Tel: 02131 - 468359
Siehe Radsymbol Planquadrat D25

2 Rad Henning
Homberger Str. 19
40882 Ratingen
Tel: 02102 - 843279
Planquadrat R10-WS10

2 Rad Köther
Bahnhofstr. 177
40883 Ratingen
Tel: 02102 - 896193
Planquadrat T4-U6

Cicli-nonstop Radsport
Krummenweger Str.21
40885 Ratingen
Tel: 02102 - 399301
Planquadrat P5-R5

Inter Cycler GmbH
BeekerHof 3
40885 Ratingen
Tel: 02102 - 33740 Planquadrat O5-O6

Wedmann Reinhard
Lintorferstr. 24
40878 Ratingen
Tel: 02102 - 22431
Planquadrat P9-Q9

Aus technischen Gründen konnten einige Radhändler nicht in die Karte eingetragen werden. Wir bitten um Entschuldigung.
Für Mitteilungen und Ergänzungen sind wir immer dankbar.

Sünd-Flut

„Brot für die Welt"-Partnerin Farida Akhtar aus Bangladesh:
„Wir fordern Geburtenkontrolle für Autos im Norden und nicht nur für Familien im Süden."

Nicht viele Menschen auf unserer Erde haben ein eigenes Auto. Die wenigen leisten sich dafür aber umso mehr: 14 Prozent der Weltbevölkerung fahren 77 Prozent aller Fahrzeuge dieser Erde, hergestellt und betrieben mit Rohstoffen aus den Ländern des Südens.

Der Preis für diese Mobilität: Im Norden erschwinglich, im Süden teuer erkauft – mit Pestiziden und Giftmüll, „guten" Ratschlägen und einem verschwenderischen „way of life" als Vorbild. „Brot für die Welt" kämpft mit seinen Partnern für soziale und ökologische Arbeits- und Lebensbedingungen in den Ländern des Südens und für bewusstes Konsumverhalten in den Ländern des Nordens. Denn wir leben nicht in der ersten oder dritten, sondern in *einer* Welt.

Postfach 10 11 42
70010 Stuttgart
500 500-500
Postbank Köln
BLZ 370 100 50

Brot für die Welt

Anzeige

Vereine, Verbände

ADFC
Zweck des Vereins ist, im Interesse der Allgemeinheit den Fahrradverkehr und die Belange der nichtmotorisierten Verkehrsteilnehmer zu fördern und zu vertreten. Der Verein entwickelt und unterstützt Konzepte, Forschungen und Maßnahmen zur Verbesserung der Verkehrssicherheit und zur Erhöhung des Fahrradanteils am Gesamtverkehr, arbeitet mit weiteren Organisationen u.a. des Umwelt- und Naturschutzes, der Verkehrssicherheit und Gesundheit zusammen, berät Fahrradbenutzer in Anliegen des Fahrradverkehrs und führt Radtouren durch.
Der ADFC hat über 100.000 Mitglieder und ist die bundesweite Interessenvertretung der Alltags- und Freizeitradler (Siehe auch Seite 45). Gebildet wird er aus:

ADFC Bundesverband
Postfach 10 77 47
28077 Bremen
Tel: 0421/346290
www.adfc.de

ADFC Landesverband NRW
Birkenstr. 48,
40233 Düsseldorf
Tel: 0211/67 52 48
www.adfc-nrw.de

ADFC Düsseldorf e.V.
Siemensstr.46
40227 Düsseldorf
Tel: 0211/99 22 55
Fax: 0211/99 22 56
Öffnungszeiten:
Dienstags und Donnerstags 17.00-19.00 Uhr

Termine der Arbeitsgruppen:
jeden zweiten Donnerstag im Monat 19.00 Uhr: Radverkehrs-AG jeden zweiten Dienstag im Monat 19.00 Uhr: Redaktionssitzung „Rad am Rhein" jeden vierten Dienstag im Monat 19.00 Uhr: AG Liegerad jeden dritten Mittwoch im Monat 19.00 Uhr, Gaststätte „Beim Franz", Gerresheimer Straße. Zahlreiche Aktivitäten zur Förderung des Radverkehrs.

ADFC Duisburg
Düsseldorfer Straße 534
47055 Duisburg
Tel: 0203/774211

ADFC Krefeld / Viersen
Neue Linner Straße 28
47799 Krefeld
Tel: 02151/69121

ADFC Mettmann
c/o Herbert Jakubiak
Rudolf-Harbich-Weg 2
40764 Langenfeld
Tel: 02173/75217
ADFC Erkrath
Tel: 02173/75217
ADFC Heiligenhaus
Tel: 02173/75217
ADFC Hilden
Tel: 02173/75217
ADFC Langenfeld
Tel: 02173/75217
ADFC Monheim
Tel: 02173/75217
ADFC Ratingen
Tel: 02173/75217

ADFC Neuss
c/o Elke Bramkamp-Blaschke
Christoph BlaschkeFliederweg 40
41468 Neuss
Tel: 02131/461968
ADFC Dormagen
Tel: 02131/461968
ADFC Grevenbroich
Tel: 02131/461968
ADFC Kaarst
Tel: 02131/461968
ADFC Korschenbroich
Tel: 02131/461968
ADFC Meerbusch
Tel: 02131/461968

ADFC Mühlheim / Oberhausen
c/o StarthilfeHansastraße 20
46049 Oberhausen
Tel: 0208/806050

BUND - Bund für Umwelt und Naturschutz Deutschland e.V.
Kreisgruppe Düsseldorf
Merowingerstr. 88
40225 Düsseldorf,
Tel.: 0211/33 07 37
Fax: 0211/33 07 38

Bürgerinitiative „Rettet das Naherholungsgebiet Unterbacher See e.V."
c/o Dr. Wolf Jenkner
Markgrafenstraße 27
40545 Düsseldorf
Tel.: 0211/20 15 60

DAL
Deutscher Aktionsring Lärmbekämpfung
c/o Ludger Veese
Frankenstr. 25
40476 Düsseldorf
Tel.: 0211/48 84 99

Greenpeace Gruppe Düsseldorf
Himmelgeister Str. 107 (Salzmannbau)
40225 Düsseldorf
Tel.: 0211/905 33 57

NABU Naturschutzbund Deutschland e.V.
Stadtverband Düsseldorf e.V.
c/o Francisca Lienau
Bülowstr. 14
40476 Düsseldorf
Tel.: 0211/48 13 10

Pro Bahn
c/o Claus Liethmeyer
Saarbrücker Str 13
40476 Düsseldorf
Tel.:0211/433712
www.pro-bahn.de

Ökotop Heerdt
Am Ökotop 70
40549 Düsseldorf
Tel.: 0211/50 1312
Fax: 0211/562 13 13

Touristenverein „Die Naturfreunde"
Ortsgruppe Düsseldorf
Naturfreundehaus
Morper Str. 128
40625 Düsseldorf
Tel.: 0211/28 51 65

Umweltamt der Stadt Düsseldorf
Brinckmannstr. 7
40200 Düsseldorf
Tel.: 0211/892-50 03

Umwelt-Info-Zentrum Rheinufer (UIZ)
(geöffnet Mai bis Oktober)
Unteres Rheinwerft / Treppenabgang Höhe Schulstraße
Tel.: 0211/863 93 97
c/o Umweltamt
Tel.: 0211/49 49 49

Umweltzentrum Düsseldorf e.V.
Verband Umwelt u.Wirtschaft e.V.
Merowinger Str. 88
40225 Düsseldorf
Tel.: 0211/33 07 37
Fax: 0211/33 07 38

VCD
Der Verkehrsclub Deutschland
Worringer Straße 65
40211 Düsseldorf
Tel.: 0211/16 49 49 7

Verbraucherzentrale NRW
Heinz-Schmöle-Str. 17
40227 Düsseldorf
Abfall-und Umweltberatung: Bettina Seidel
Tel.: 0211/727 01 89
Energieberatung: F. Lenzen, F. Leuchter
Tel.: 0211/72 25 04

Wohnen mit Kindern e.V.
Ortsverband Düsseldorf
Otto-Petersen-Str. 2
40237 Düsseldorf
Tel.: 0211/68 67 60

Wohnen ohne Auto
Siehe Adresse Umweltzentrum

Human Powered Vehicles
http://www.ihpva.org/
Deutsche Seite: http://www.hpv.org/
Der Name des Vereins Human Powered Vehicles, also „menschenkraftgetriebene Fahrzeuge" ist Programm. Die Motivation der Mitglieder, sich mit dieser Materie zu beschäftigen, ist vielfältig: Umweltaspekte, sportliche Betätigung, tüftlerisches und wissenschaftliches Interesse.

Vorteile für ADFC-Mitglieder

Die folgenden Leistungen sind im Beitrag enthalten:
Haftpflichtversicherung (bis zu 2 Mio. DM / 300 DM Selbstbeteiligung) und **Rechtschutzversicherung** (bis 200 DM T. / 100 DM Selbstbeteiligung bei privater Nutzung eines Fahrrades, öffentlicher Verkehrsmittel oder zu Fuß);
Bezug des ADFC-Magazins „**Radwelt**" (sechsmal im Jahr) mit überregionalen Informationen zur ganzen Welt des Rades;
Bezug der Düsseldorfer Fahrradzeitschrift „Rad am Rhein" (viermal im Jahr), sofern Sie Mitglied des ADFC Düsseldorf e.V. sind.
„**Rad am Rhein**" konzentriert sich auf das Düsseldorfer Fahrradgeschehen und bildet ein Forum für alle Fahrradbenutzer/innen;
kostenlose **Fahrradcodierung** als Präventivmaßnahme gegen Diebstahl;
Zugang zur ADFC-**Diebstahlversicherung** zu günstigen Konditionen;

Vergünstigung beim Kauf von einigen durch den ADFC herausgegebenen Schriften, Karten oder durch ihn vertriebene Sachartikel;
Teilnahme an Veranstaltungen
des ADFC Düsseldorf e.V. (Radtouren, Dia-Abend, Reparaturkurse, u. ä.);
Beratung in allen Fahrradangelegenheiten durch aktive Mitglieder des ADFC Düsseldorf e.V.
Inanspruchnahme der Leistungen europäischer **Partnerorganisationen** des ADFC, als wären Sie dort Mitglied;
Die Möglichkeit, sich aktiv für eine **umweltfreundliche Verkehrspolitik in unserer Stadt** einzusetzen und sich und andere von den Vorteilen der Fahrradnutzung zu überzeugen. Senden Sie Ihre ausgefüllte
Beitrittserklärung an den ADFC Düsseldorf e.V.
Postfach 10 77 47, 280077 Bremen
oder faxen Sie: 0421/34 29 50
Bitte möglichst mit Einzugsermächtigung. Das spart Kosten. Danke!

Düsseldorfer ADFC Geschäftsstelle, Siemensstraße 46

Der ADFC...

...ist ein Verein für Alltags- und Freizeitradler.
...vertritt die Interessen von Fahrradfahrern, Fußgängern und aller nicht motorisierten Verkehrsteilnehmer.
...setzt sich für die Förderung des Radfahrens und die weitere Verbreitung des Fahrrades ein.
...unterstützt Fahrradfahrer und solche, die es werden wollen, bei der täglichen Nutzung ihres Fahrrads.
...setzt sich für die Gleichberechtigung von Radfahrern im Straßenverkehr ein.

...und seine Aufgaben

Wir setzen uns für eine umwelt- und menschenfreundliche Politik ein.
Mehr Radverkehr bedeutet weniger Lärm, Abgase und Unfälle. Die Stadt wird attraktiver, wenn sie dem Auto Grenzen setzt.
Wir werben bei Bürgern, Verwaltung und Politikern für das Fahrrad als Verkehrsmittel und seine wirksame Förderung.

Mit dem Fahrrad zur Arbeit

Wir sind kompetent in Sachen Fahrrad

Nur jeder dritte Bundesbürger besitzt ein Auto, aber fast doppelt soviele besitzen ein Fahrrad. Das Fahrrad ist das ökologisch und ökonomisch sinnvollste Verkehrsmittel zumindest im Nahbereich: umweltfreundlicher als jeder Katalysator, absolut bleifrei, leise und sauber. Radfahren ist gesund, macht Spaß und ist für jeden erschwinglich. Die meisten Wege sind kurz genug, um Tag für Tag bequem mit dem Rad zurückgelegt zu werden.

Wie setzt sich der ADFC zusammen?

Der **ADFC-Bundesverband** kümmert sich um die Interessenvertretung auf Bundesebene, Gesetzgebung, Versicherung, Öffentlichkeitsarbeit, technische Verbesserung von Rädern und Zubehör, Kontakt mit anderen Verbänden, Diebstahlschutz, Abstellanlagen, Landkarten, Radmitnahme in Bahnen.

ADFC-Landerverbände...

leisten Ähnliches auf Landesebene. Die ADFC-Kreisverbände nehmen die Interessen der Radler im örtlichen bzw. regionalen Bereich wahr. Sie kümmern sich um Verbesserungen vor Ort, verhandeln mit Behörden wie Planungsämtern und Bauverwaltung, veranstalten Infostände und Aktionen, bieten Touren und technische Hilfe an.

Hinter dem ADFC...

steht keine mächtige und finanzstarke Industrie. Der Verein ist ein aus der Bevölkerung kommende Bewegung und vertritt alle radfahrenden Bürger und ihre Interessen. Die kommunalen Aktivitäten des ADFC werden fast ausschließlich ehrenamtlich geleistet. Trotz seiner zunehmenden Erfolge ist der ADFC daher auf ihre Unterstützung angewiesen, sei es durch Ihre einfache Mitgliedschaft, durch zusätzliche Spenden oder am besten durch Ihre aktive Mitarbeit.

Allgemeiner Deutscher Fahrrad-Club

Beitrittserklärung

Bitte in Druckbuchstaben ausfüllen

Familienname ....

Vorname ....

Straße und Hausnummer ....

Übrigens: Sie können auch eine Mitgliedschaft verschenken. Wir informieren Sie gerne.

PLZ .... Wohnort ....

Geburtsjahr .... Telefon ....

Ich trete dem ADFC bei:

☐ Als Einzelmitglied, Jahresbeitrag DM 72.- (ermäßigt DM 48.-*)
Einzelmitglieder können ihre minderjährigen Kinder kostenlos anmelden.

☐ als Haushalts- / Familienmitglied mit folgenden Personen, die mit in dem Haushalt wohnen (jeweils mit Geburtsjahr)

....

....

....

Jahresbeitrag DM 90.- (ermäßigt 72.-)
(Versicherung nur für namentlich - mit Geburtsjahr - gemeldete Haushaltsmitglieder!)

....

Datum und Unterschrift

☐ *Ich beantrage den ermäßigten Beitrag für Schüler/Studenten etc. und habe einen Nachweis (z.B. Kopie von gültigem Schülerausweis) beigelegt.

☐ Zusätzlich zu meinem / unserem Beitrag unterstütze/n ich/wir den ADFC

jährlich mit folgender Summe: .... DM

Mein Jahresbeitrag beträgt: .... DM

Gesamtsumme .... DM

☐ Ich erteile dem ADFC Düsseldorf e.V. hiermit eine Einzugsermächtigung (bis auf Widerruf) über die o. g. Gesamtsumme zu Lasten meines Kontos:

Kontonummer .... BLZ ....

Geldinstitut ....

Kontoinhaber ....

Datum und Unterschrift ....

☐ Ich überweise nach Erhalt der Beitragsrechnung (Bitte keine Vorzahlung, kein Bargeld, keine Schecks!)

Allgemeiner Deutscher Fahrrad-Club e.V., Postfach 10 77 47, 28077 Bremen, Fax: 0421/34 29 50, Telefon 0421/34629-0

Auf dem Rad: liegen statt sitzen

Nicht nur in Düsseldorf und Umgebung sieht man in den letzten Jahren vermehrt Radfahrer, die auf Liegerädern unterwegs sind. Mit zunehmendem Angebot auf dem Markt ist das Liegerad auf dem Weg vom "selbstgebastelten Freakmobil" zur etablierten Fahrradgattung.

Die Vielfalt angebotener Liegeradtypen sowie die Innovationsfreudigkeit ist trotz der geringen Zahl der Hersteller enorm. Dem Ruf, bei gleichem Krafteinsatz mit einem Liegerad schneller zu sein als mit dem Normalrad, werden jedoch nicht alle Modelle gerecht. Unstrittig ist jedoch der wesentlich höhere Fahrkomfort, der sich vor allem auf längeren Strecken bemerkbar macht. Tourenradlern werden wesentlich längere Strecken ermöglicht, wobei die Freude am Fahrradfahren noch gesteigert wird. Dies hat auch der ADFC mit der Wahl eines Liegerades zum Fahrrad des Jahres 1999 mit dem Titel „Das Komfortrad" anerkannt.

Leider sind die Möglichkeiten für Interessenten, die Vorteile von Liegerädern „am eigenen Leib zu erfahren", zur Zeit noch recht dürftig, da nur sehr wenige Fahrradgeschäfte Liegeräder anbieten. Die Liegeradgruppe des ADFC-Düsseldorf ermöglicht

Testparcour für Liegeräder

jedermann, die verschiedensten Modelle von Liegerädern einmal auszuprobieren. Sie ist Anlaufstelle zum Erfahrungsaustausch für Liegeradfahrer und Interessenten und steht für Fragen rund ums Liegerad, hersteller- und händlerneutral, zur Verfügung.

Liegeradgruppe:
ADFC Düsseldorf e.V.
Siemensstraße 46 (Oberbilk)
Tel: 0211 - 99 22 55
Zeiten:
Die Liegeradgruppe trifft sich jeden
4. Dienstag im Monat.

Sportliches Liegerad

Dormagen

Dormagen

A
Ackerstraße, L28
Adolf-Kolping-Straße, O31
Adolf-von-Menzel-Straße, O31
Ahornweg, N31
Akazienweg, N31-N32
Albert-Schweitzer-Straße, L28-L29
Albertus-Magnus-Straße, K30
Aldenhovenstraße, O30-Q29
Alfons-Sahler-Straße, N27
Aloysiusstraße, O27
Alte Heerstraße, N32
Alte Ziegelei, M30-N30
Am alten Schlag, J32
Am Bergischen Hof, Q29
Am Damschenpfad, L29
Am Dreieck, L28
Am Elsternbusch, J32
Am Hagedorn, N31-N32
Am Hahnen, K29-K30
Am Kamp, H31
Am Kappesberg, Q32
Am Kirchpfad, Q29
Am Kleinbüschchen, K30
Am Krahnenort, Q31-R31
Am Krausberg, K30
Am Kuckhofsweg, L29
Am Latourshof, L29
Am Lingenacker, Q31
Am Margarethenhof, R31
Am Mönchenpfädchen, Q31
Am Mühlenpfad, K29-K30
Am Niederfeld, P31
Am Norfbach, J30-J31
Am Rath, N32
Am Rehwinkel, H31-I32
Am Römerfeld, Q29
Am Rübenweg, N32-O32
Am Schierort, P31
Am Schleyerbusch, L29
Am Schneckenacker, N27-N28
Am Schwimmbad, L29
Am Sportplatz, K30
Am Steinpfahl, R31
Am Straberger See, K31-L32
Am Sülzhof, L29
Am Wasserwerk, H30
Am Weißen Kreuz, Q31
Am Weißen Stein, N27-O28
Am Wittgeshof, L30
An den Peschen, Q31-R31
An der Burg, K32
An der Dinkbank, L29
An der Langenfuhr, O32
An der Leykuhle, L29
An der Wache, P32
An der Weyhe, K30
An der Windmühle, P32
Andreasstraße, Q31-R31
Anemonenweg, H31
Anstelner Straße, J31
Antoniusplatz, Q28
Arenzheide, N27
Asternweg, H31
Auf dem Kappus, L29
Auf dem Sandberg, Q31
Auf der Hardt, J30-K30
Auf'm Pohlacker, Q31

B
Bahner Weg, K30
Bahnhofstraße, O32-P32
Bahnstraße, M28-N27
Balgheimer Straße, L28-L29
Balgheimer Weg, L30-M31
Baumberger Straße, Q32
Beethovenstraße, O32-P31
Begonienweg, Q32
Bergheimer Straße, G30
Bertha-von-Suttner-Straße, O31
Biesenbachstraße, N27-O27
Bismarckstraße, L29-L30
Bivetsweg, H31-H32
Blücherstraße, P32
Blumenstraße, K32
Borsigstraße, N28
Brahmsstraße, N28-O28
Brandenburger Straße, P32
Brentanostraße, O27
Breslauer Straße, O32-P32
Broicher Dorfstraße, H32
Bruchstraße, H31
Brückenstraße, M28
Bruegelweg, N21-O31
Brühler Straße, P29
Brunnenstraße, O27
Buchenstraße, N31
Büchel, H31-H32
Bürgelstraße, Q29
Bürger-Schützen-Allee, P31-Q32

C
Carl-Duisberg-Straße, P31-P32
Carl-Friedrich-Schinkel-Straße, O31
Carl-Sonnenschein-Weg, O31
Carl-von-Ossietzky-Straße, O31

Dormagen

Castellstraße, P32
Christopherusweg, O31
Clausewitzstraße, Q29
Clemens-August-Platz, K30
Clemens-August-Straße, K30
Conrad-Schlaun-Straße, L30
Cranachweg, N31
D
Dachsweg, K32
Dahlienweg, H31
Dammweg, R31
Dantestraße, J30-K30
Danziger Straße, P32
Deichstraße, P28-Q29
Delrather Straße, N27
Dieplinghof, N32
Distelweg, Q32
Dörer Weg, L29
Donatusstraße, K32-L32
Dürerstraße, O31
Düsseldorfer Straße, M27-O30
E
Edisonstraße, M27-M28
Eibenweg, K29
Eichendorffstraße, P29-Q29
Eichenweg, N31
Elvekumer Weg, L28
Emdener Straße, O32
Ernteweg, N30-O29
Eschenweg, N32
Espenstraße, K30
Europastraße, Q32
F
Fahrtstraße, O27
Fasanenweg, K32
Feldstraße, O27-O28
Feuerbachstraße, O31
Fichtenweg, N31
Fliederweg, H31-H32
Florastraße, P32
Flügeldeich, Q26-Q28
Föhrenweg, H31
Forsthausstraße, J30-J31
Frankenstraße, P32-Q32
Franz-Hitze-Weg, O31
Franziskanerstraße, Q29
Friedenstraße, O31
Friedhofsweg, H31
Friedrich-Ebert-Straße, P32
Friedrich-Hinsen-Straße, H31

Dormagen

G
Gabrielstraße, L28-M28
Garather Straße, R31
Gartenstraße, K30
Geranienweg, Q32
Gerhard-Boes-Straße, N27
Gerhart-Hauptmann-Straße, J30-K30
Ginsterweg, J32-K32
Gnadenthaler Weg, K30-K32
Gneisenaustraße, O32-P32
Goethestraße, O32-P32
Goltsteinstraße, P28-Q29
Gottfried-Breuer-Straße, N31-N32
Gottfried-Daimler-Straße, M27
Grienskamp, Q31
Grüner Weg, Q29
Grünschildtplatz, K30
Grünwaldstraße, Q29
Gustav-Biesenbach-Platz, N27
Gustav-Heinemann-Straße, O31
H
Haberlandstraße, O31-O32
Händelstraße, O27-O28
Hagelkreuzstraße, O30-P30
Hamburger Straße, N32
Hans-Böckler-Straße, O31
Hans-Sachs-Straße, J30
Hardenbergstraße, P32
Haselnußweg, H31
Hasenpfad, K32
Hatzfeldstraße, Q28
Hebbelstraße, Q29
Heckmannstraße, L28
Heerstraße, K30
Heesenstraße, N32-O32
Heinrich-Meising-Straße, N31-N32
Helbüchelstraße, P32
Henri-Dunant-Straße, L28
Herrenweg, Q28-Q29
Hildener Straße, Q31-Q32
Himmelgeister Straße, N27-O27
Hindenburgstraße, K30
Hitdorfer Straße, Q32
Hölderlinstraße, K30
Hoeninger Straße, J31
Hoher Buschweg, O28
Hohes Örtchen, Q29
Holbeinweg, N31
Holunderweg, N32
Horremer Straße, K32-L32
Hospitalplatz, Q29
Hubertusstraße, Q29
Hüttenstraße, L28-M28

Dormagen

I
Iltisweg, J32-K32
Im Daubenthal, O32
Im Gerstenfeld, J32-K32
Im Grund, L28-M28
Im Grunewald, P32
Im Hofstädtchen, P29-P30
Im Kleefeld, Q31-Q32
Im Merheimer Lehm, Q31
Im Thiebroich, J29-J30
Im Winkel, Q32
In den Benden, P31
In den Rheingärten, Q29
In der Au, Q32
In der Birk, J30-J31
In der Kuhtrift, O27-O28
In der Lüh, H30-H31
In Ückerath, J30-K30
Industriestraße, M28
Itterstraße, N27

J
Jahnstraße, O27
Jan-von-Werth-Straße, Q28
Johann-Blank-Weg, M28-M29
Johannesstraße, L29-M28
Josef-Schwartz-Straße, H30-H31

K
Kantstraße, Q29
Kapellenberg, O27
Karl-Küffler-Straße, H31-I31
Kastanienweg, N31-N32
Kemmerlingstraße, K30
Kesselstraße, H31-H32
Kiefernstraße, K29-K30
Kieler Straße, N32-O32
Kirchbergweg, H31
Kirchplatz, H31
Kirchstraße, H31
Kirschfeld, L29-M30
Kleiner Taubenweg, O29
Knechtstedener Straße, N32-O32
Kneippstraße, P31
Knorweg, K30
Kölner Straße, P32-Q32
Königsberger Straße, O32-P32
Körnerstraße, Q29
Kohnacker, L30-M30
Koloniestraße, M28-N28
Koniferenstraße, J30-K29
Konrad-Adenauer-Straße, O31
Krefelder Straße, O30-P32
Krisingerstraße, P32
Krokusweg, Q32

Dormagen

Kronenpützchen, J32-K31
Kroschstraße, K30
Kurfürstenstraße, P29-Q28
Kurgrenzweg, H32
Kurt-Schumacher-Straße, L28-L29
Kurt-Tucholsky-Straße, O31
Kurzer Weg, O32

L
Ladestraße, N31-O31
Langemarkstraße, P32
Latoursweg, L28-L29
Leckenhofstraße, L28-M28
Leiblstraße, O31
Leinpfad, Q28-S31
Lessingstraße, P29-Q29
Liebermannstraße, O31
Lilienweg, H31
Limesweg, P32
Linden-Kirch-Platz, K32
Lindenstraße, O27-O28
Linner Straße, P29
Lisztstraße, N27-O27
Lochnerstraße, O31
Löwenzahnweg, Q32
Lübecker Straße, N32-O32
Lukasstraße, N27
Lupinenweg, Q32

M
Magnolienstraße, K30
Malteserstraße, L28-L29
Margeritenweg, H31
Marie-Schlei-Straße, L29
Marienstraße, K29-K30
Marktplatz, P32
Marktstraße, P32
Martin-Luther-King-Straße, O31
Martinskirchweg, P32
Martinusstraße, Q28-Q29
Mathias-Giesen-Straße, O32
Mauerstraße, Q29
Max-Reger-Weg, O32
Maximilian-Kolbe-Straße, O31
Melanderstraße, Q28
Memeler Straße, Q32
Michaelsweg, O31
Mithrasweg, P32
Mittelstraße, L28
Mörikestraße, P29-Q29
Moltkestraße, P32
Monheimer Straße, Q32
Mozartstraße, O31-P31
Mühlenbuschweg, J32-K32
Mühlenstraße, Q29
Museumstraße, Q29

Dormagen

N
Narzissenweg, H31
Nelkenweg, H31
Nesselrodestraße, Q29
Nettergasse, P32-Q32
Neuer Taubenweg, P29
Neusser Straße, K29-M31
Neustraße, K30
Nievenheimer Straße, O29-Q29
Norbertstraße, K32
Nordstraße, K30
Norfer Straße, O30-O31

O
Oberster Monheimer Weg, Q32-R1
Oberstraße, O27-P28
Odilienstraße, H31
Orchideenweg, Q32
Ostpreußenallee, P31-P32
Oststraße, Q32

P
Pankratiusstraße, L30
Pappelweg, H31
Paracelsusstraße, P31
Parkstraße, Q29
Paul-Huisgen-Straße, N27
Pestalozzistraße, L29-M28
Pinienweg, J30
Piwipper Straße, Q31-S32
Platanenstraße, K30
Pommernallee, O32-P31
Poststraße, K30
Provinzialstraße, M32-O32

R
Raabestraße, P29
Raphaelsweg, O31-P31
Reisholzer Straße, N27
Rembrandtstraße, N31-O31
Rheinau, Q28
Rheinberger Straße, P29
Rheinfelder Straße, Q31-Q32
Rheinstraße, Q29
Richard-Wagner-Straße, O27-O28
Richrather Straße, Q31-R31
Richterstraße, O31
Riemenschneiderweg, N31
Rilkestraße, P29-Q29
Robert-Bosch-Straße, M27-N27
Robert-Koch-Straße, O31-P31
Rochusweg, O28-O30
Römerstraße, P32
Röntgenstraße, P31
Roncalliplatz, L29
Roseggerstraße, Q29

Dormagen

Roseller Straße, O30-O31
Rosenweg, H31
Roßlenbroichstraße, N27
Rostocker Straße, O32
Rotdornweg, N31
Rubensstraße, N31-O31
Rudolf-Diesel-Straße, M27-M28
Rudolf-Harbig-Weg, N31
Rumpenweg, K30

S
Saarwerdenstraße, Q28-Q29
Sachtlebenstraße, N27
Salentinstraße, P29
Salierstraße, P32
Salvatorstraße, K30-L30
Sanddornweg, H31
Schillerstraße, O32-P32
Schlesierstraße, K30
Schloßplatz, Q29
Schloßstraße, Q29
Schubertstraße, O31
Schülgenstraße, N27
Schützenstraße, K32
Schulstraße, O27
Schultheißstraße, Q28-Q29
Schumannstraße, O31-P31
Schwanenstraße, N27-N28
Schwiddenhofstraße, K30
Sebastian-Bach-Straße, O31-P31
Sebastianusstraße, K30
Siemensstraße, L27-M28
Sonnenstraße, M29-M30
St.-Andre-Straße, K30-L30
St.-Peter-Straße, M28
Steinberger Straße, Q32
Stettiner Straße, P31-P32
Stifterstraße, O27
Stormstraße, Q29
Straberger Weg, K31-L30
Stürzelberger Straße, O27-Q29
Stüttger Weg, L26-M27
Sudetenstraße, N32
Südstraße, K30-K31

T
Teuschstraße, O32
Theo-Blum-Straße, Q29
Theodor-Bremer-Straße, R31
Theodor-Fontane-Straße, P29-Q29
Thomaweg, O31
Tizianstraße, O31
Tulpenweg, H31
Turmstraße, Q29

Dormagen

U
Ubierstraße, P32
Uedesheimer Straße, O27-O28
Uerdinger Straße, P29
Uferstraße, N27
Uhlandstraße, J30-K30
Ulmenallee, N31
Unter den Hecken, P32-Q32
Unterstraße, N27-O27
Urdenbacher Straße, N27-O27

V
Veilchenweg, H31
Virchowstraße, P31
Vogtstraße, H31
Vom-Stein-Straße, P32
Von-Galen-Straße, O31
Von-Ketteler-Straße, O31
Von-Kleist-Straße, J30-K30
Von-Liebig-Straße, P32
Von-Sack-Platz, L28-M28
Vor dem Rheintor, Q29

W
Waldstraße, K32
Walhovener Straße, P32-Q31
Wallgrabenstraße, Q29
Wartburgstraße, O32-P32
Weidenstraße, K32
Weilergasse, N31-N32
Weilerstraße, N31-N32
Weingartenstraße, P32
Weißdornweg, N31
Wendelstraße, Q29
Werstener Straße, N27-O28
Westerburgstrasse, P29
Weststraße, O27
Wiesenstraße, Q29
Wilhelm-Busch-Straße, P29
Wilhelm-Zaun-Straße, L28-L29
Willy-Brandt-Platz, O31-O32
Winand-Kayser-Straße, K32

Z
Zedernweg, K29-K30
Zehntgasse, Q29
Zinkhüttenweg, M27-M28
Zollstraße, Q29
Zonser Straße, O31
Zu den Kuhbenden, Q31
Zülpicher Straße, P29
Zum Weidenpesch, Q31
Zypressenweg, K29

Duisburg

Duisburg

A
Ackerstraße, K3-L2
Ährenstraße, L4
Albert-Hahn-Straße, K2-L1
Albert-Schweitzer-Straße, I2
Albertus-Magnus-Straße, J2
Altenbrucher Damm, J1-L1
Am Böllert, L4
Am Bruchgraben, I2-J2
Am Damm, E1-F1
Am Dickelsbach, L1
Am Drap, E3
Am Eschenbruch, N2-O2
Am Finkenacker, H3-I2
Am Förkelsgraben, H2-I2
Am Glockenturm, L2
Am Golfplatz, L1
Am grünen Hang, H3-I2
Am Hasselberg, E3-H5
Am Heidberg, H3-I3
Am Himgesberg, H2
Am Junkersknappen, M3
Am Kiekenbusch, K2-L1
Am Klapptor, G3-H4
Am Knappert, L3-L4
Am Kollert, H3-H4
Am Krähenhorst, L1
Am Langen Bongert, E3
Am Lindentor, F4-G3
Am Lipkamp, L2
Am Maashof, L1
Am Mühlstein, I1
Am neuen Angerbach, I1-I3
Am Palmbleck, E3-G3
Am Postenhof, H4-H5
Am Rahmer Bach, L3-L4
Am Rembergsee, J1-J2
Am Rübenkamp, G3-G4
Am Schellberg, L1
Am Schilfrohr, L2
Am Seltenreich, E2-E3
Am Siepenkothen, L2
Am Sittert, H2
Am Spick, J1-K1
Am Steinwerth, L4
Am Thelenbruch, L4
Am Uengelsheimer Graben, H2-H3
Am Weidengraben, L3
Am Ziegelkamp, J1
An den Buschbänden, J2
An der Bastei, F4-H4

Duisburg

An der Batterie, H2
An der Evertshecke, I2-J2
An der Fliesch, I2
An der Hofstatt, I2-J2
An der Huf, L3
An der Schanzenbrücke, I2-J2
An der Steinkaul, H2
Angerhauser Straße, I1-J2
Angermunder Straße, L2-M4
Angerorter Straße, I1
Angertaler Straße, I1-J1
Antweiler Straße, J2-J3
Auf dem Hunsrück, E3
B
Banrather Straße, L4
Barberweg, E3
Beckerfelder Straße, K2-L3
Beim Falkenhof, G4
Beim Gansacker, E3-F2
Bernkasteler Straße, J2
Berzeliusstraße, I1
Biegerfelder Weg, I1-J1
Binsenweg, F2
Bissingheimer Straße, N2-O3
Bitburger Straße, J2
Blankenburger Straße, H3-I3
Bockumer Burgweg, J2-K3
Bockumer Straße, G4-I7
Bockumer Weg, G4
Braunlager Straße, I3
Breitenkamp, G3-H3
Breithof, L1
Brengersweg, L3
Brockenstraße, H3
Buscher Straße, K3-L2
C
Clausthaler Straße, H3-I3
Cochemer Straße, J2
Cramer-Klett-Straße, J1
D
Dammhausweg, D3-E3
Daressalamstraße, K1
Dauner Straße, J2
Dionysiusweg, F4-F5
Donaustraße, L3
Dorfstraße, F4-H3
Druchter Weg, M2-N2
Dürerstraße, I1
Düsseldorfer Landstraße, I3-J1
E
Eckstraße, J1-K1
Ehinger Berg, F2-F3
Ehinger Straße, H2-I1
Eibenweg, L1

Duisburg

F
Ferdinandstraße, I1
Fichtenweg, L2-M4
Florian-Geyer-Straße, J2
Förkelstraße, H2
Fuchsfeldweg, E3-F3
G
Görresstraße, I1
Goetzkestraße, I1
Gondorfer Straße, J2
Goslarer Straße, I2-I3
Graf-Spee-Straße, I1-I2
Greifswalder Straße, K2
Grenzweg, H2
Grindsbruchweg, M2-M3
Grindsheideweg, M2-M3
Großenbaumer Allee, L1-L2
Grüner Weg, L4
Grünkottenstraße, K2
H
Hahnenkleestraße, I3
Harzburger Straße, H3-I3
Hasendong, H2
Hausstattstraße, G4
Heckwinkel, L2
Heinrich-Bierwes-Straße, I1
Heltorfer Straße, K4-L4
Henschelstraße, E1
Hermann-Rinne-Straße, I1
Hermann-Spillecke-Straße, J2-J3
Hirtenweg, F2
Holeyplatz, I1
Holtumer Mühlenweg, G4-H4
Huckinger Markt, J2
I
Illerstraße, L3
Im Ahrenfeld, I2-J2
Im alten Bruch, J1-J2
Im Angerfeld, J2
Im Bonnefeld, F3
Im Dickelsbachgrund, L1-M2
Im Dickerhorster Grund, M1-M2
Im Eichwäldchen, F2-F3
Im Haagfeld, I2-J2
Im Hasselbusch, F2
Im Höschegrund, H2-I2
Im Huckinger Kamp, J1-J2
Im Knick, L1-L2
Im Niederfeld, J2
Im Reimel, E3
Im Stuppert, H2
Im Wittfeld, J1-J2

Duisburg

In der Donk, F3-G4
Innstraße, L3
J
Jasminstraße, L1
K
Kastanienstraße, L1-L2
Kegelstraße, E3-F2
Keniastraße, K1
Kissinger Straße, I3
Kleestraße, L4
Klettenweg, H2
Kösliner Straße, K2-L2
Kolumbusstraße, I1
Korbmacherstraße, E3-F3
Kothenstraße, L4
Krefelder Straße, C4-I3
L
Lambarenestraße, K1
Langelterweg, N1-N3
Lauenburger Allee, L2-L3
Lauterberger Straße, H3
Lechstraße, L3
Ligusterstraße, L1
Lintorfer Straße, N2-O3
Lötzener Straße, K2
Lomestraße, K1
Lüderitzallee, K1
M
Mafiastraße, K1
Maisstraße, L4
Mannesmannstraße, F2-H2
Masurenallee, N1-N2
Medefurthstraße, H1-I2
Meister-Arenz-Straße, I1-J1
Mohnstraße, L4
Mühlenkamp, J1
Mündelheimer Straße, H2-J1
N
Neuenbaumweg, M3-N2
Nordhäuser Straße, I3
O
Okerstraße, H3-I3
Osteroder Straße, H3
Otawistraße, K1
Otto-Hellwig-Straße, J1
P
Pastoratsgarten, E3
Pembastraße, K1
Peschenstraße, J1
Pösgesweg, I2
Pyrmonter Allee, I3
Q
Quadeweg, H2-I2

Duisburg

R
Raiffeisenstraße, I1-J2
Rapsstraße, L4
Ravensberger Straße, I3
Reimelsweg, E3
Reiserpfad, L4-M4
Reiserweg, L2-L3
Remberger Straße, J2-K2
Rembrandtstraße, I1
Rheinfeldsweg, D4-E3
Rheinheimer Weg, E3-F5
Richard-Seiffert-Straße, I1
Roosstraße, E1
Rosenbergstraße, H2
Rotdornstraße, L1-L2
S
Saarner Straße, L2-N1
Salzachstraße, L3
Sanddornstraße, L2
Sandmüllersweg, H3
Sansibarstraße, K1
Schlehenweg, H2
Schulz-Knaudt-Straße, I1
Schwalbenweg, E3-F3
Seerosenweg, L2
Sermer Straße, E3-F4
Siedlerstraße, F2
Sittardsberger Allee, J1-K1
Spickerstraße, J1
Steinbrinkstraße, I1
Stettiner Straße, K2
Stolper Straße, K2
Swakopmunder Straße, K1
T
Thomas-von-Aquin-Weg, J2
Togostraße, K1
Tonderner Straße, J2
Trabacher Straße, J2-K2
Trierer Straße, J2
Trosperdelle, L4
Turmstraße, E1
U
Über dem Bruch, I2-J2
Uengelsheimer Straße, H2
Uerdinger Straße (Rheinhausen), D1-E1
Uerdinger Straße (Süd), E3-F2
Uhlenbroicher Weg, L2
V
Vorm Grindsbruch, L2-L3
W
Walderbenweg, L1-M1
Walter-Schönheit-Straße, L4
Wartburgstraße, J2

Duisburg

Watersbergpfad, K1
Watersbergstraße, K1
Weierstraße, L2-L3
Weißdornstraße, L1
Weisser Sandweg, N3-N4
Wildfängerweg, L4
Wildunger Straße, I3
Windhuker Straße, K1
Winkelhauser Weg, K4
Winkelshäuschen, O3-O4

Z
Zeller Straße, J2-K2
Zimmerstraße, K1
Zu den Birken, L1-L2
Zu den Buchen, L1-L2
Zu den Erlen, L1-L2
Zu den Tannen, L2
Zu den Wiesen, L2
Zum Bockekamp, H3
Zum Grind, E2-E3
Zum Mühlkotten, I1-J1
Zum Peschekamp, H3
Zum Steinhof, J2
Zum Verschwiegenen Zoll, N1
Zum Walkmüller, K2-L2
Zum Wassergraben, L2
Zur Dieplade, H3-I2
Zur Goldackershöhe, G3-G4
Zur Kaffeehött, K4-L3
Zur Kreienhütt, H4

Düsseldorf
A
Aachener Platz, K21
Aachener Straße, K21-L20
Aaper Höhenweg, P12-P14
Aaper Schneise, O14-P12
Abteihofstraße, K22
Achenbachstraße, M16-N17
Achillesstraße, J17
Ackerstraße, M18-N17
Adalbert-Probst-Straße, U26
Adalbertstraße, J17
Adam-Stegerwald-Straße, U26-U27
Aderdamm, I21-J21
Aderkirchweg, I20-J20
Aderräuscherweg, J21-K21
Adersstraße, L18-M18
Aderweg, J21
Adlerstraße, M17
Adolf-Klarenbach-Straße, P23-P24
Adolf-Kolping-Straße, S26
Aggerweg, P17

Düsseldorf

Agnesstraße, L5-L6
Ahnenweg, K19
Ahnfeldstraße, M15-M16
Ahornallee, L12
Ahornstraße, T20
Akademiestraße, K18
Akazienallee, Q16
Akazienstraße, T20
Akazienweg, L7
Alberichweg, I16-I17
Albertstraße, N17-N18
Albrecht-Dürer-Straße, K6-L6
Albrecht-von-Hagen-Platz, J14
Aldekerkstraße, G17
Alexanderstraße, L18
Alfelder Straße, Q22
Alfred-Döblin-Straße, T27-U27
Alice-Heye-Platz, P22
Allensteiner Straße, P19
Allmendenweg, K22
Allmersstraße, J13
Alt-Eller, P20
Alt-Heerdt, H17
Alt-Himmelgeist, N24
Alt-Niederkassel, J16
Alt-Pempelfort, L17-M17
Alte Gasse, L5-M5
Alte Insel, R18
Alte Kalkumer Straße, J10-J9
Alte Landstraße, I11-I9
Altenbergstraße, O16-P16
Altenbrückstraße, R22-S22
Alter Markt, R16
Altestadt, K17-L17
Alzeyer Weg, O20
Am Aaper Weg, R13
Am Adershof, L14
Am Albertussee, H16
Am Alten Rhein, R26
Am Angerbach, L5
Am Angerfeld, L5-L6
Am Ausleger, Q28-R27
Am Backesberg, Q14
Am Bärenkamp, N23-N24
Am Bahnhof, L8-L9
Am Band, V13
Am Bauenhaus, P12-Q12
Am Bermeshau, O19
Am Binnenwasser, K15
Am Birkenkamp, R13
Am Bockskothen, O12-P12
Am Bongard, R14
Am Bonneshof, K14

55

Düsseldorf

Am Botanischen Garten, M21
Am Brambusch, J13
Am Broichgraben, N24-O24
Am Brückerbach, N21
Am Brugacker, J5-K5
Am Buchholzer Busch, T25-U26
Am Bürgerhaus, U14
Am Damm, G5-H6
Am Dammsteg, P21-Q22
Am Deich, J16
Am Denkmal, R23
Am Dernkamp, Q15-R15
Am Dickenbusch, J5
Am Ellerforst, R19-R20
Am Erlenhof, O21
Am Eulenthal, R18
Am Falder, O23
Am Fallhammer, I18-I19
Am Farnacker, O24
Am Feldhof, R13-S13
Am Feldwinkel, H11-H12
Am Fischerbreuel, L6
Am Flugfeld, J10
Am Forst Kalkum, M11
Am Frohnhof, J9
Am Fronberg, J9
Am Froschenteich, J5
Am Gallberg, R15
Am Gansbruch, N21
Am Garather Mühlenbach, U27
Am Gartenkamp, S14
Am Gatherhof, N13-O13
Am Geisterberg, R14
Am Gengelsträßchen, L12-L13
Am Gentenberg, H10-I11
Am Gieb, S14
Am Ginsterberg, T20
Am Götzenkothen, O12-P12
Am Grenzgraben, M13
Am Großen Dern, R15-R16
Am Grünewald, Q16-R16
Am Hackenbruch, P20-Q19
Am Haterkamp, N23-U22
Am Hain, J14-K13
Am Handelshafen, J19
Am Hang, T19
Am Haustertshof, S20-T20
Am Heerdter Hof, H17
Am Heerdter Krankenhaus, H17
Am Heidberg, T19-T20
Am Heidhügel, J13
Am Heiligenhäuschen, J17
Am Hexbusch, T19

Düsseldorf

Am Hirschgraben, R19
Am Hochofen, G18-H17
Am Hohlen Berg, T20
Am Holderbusch, Q19
Am Holzkamp, R17
Am Hülserhof, N12
Am Hülsfeld, T13
Am Hüttenhof, K10-K9
Am Irlenspahn, R16-R17
Am Kaldenberg, J8
Am Kapeller Feld, U26-U27
Am Karlshof, O19
Am Kehrbesen, I7-K8
Am Keienhof, R14
Am Kiefernforst, T19
Am Kirschbaumwäldchen, I16
Am Kleiansacker, J9
Am Kleianskreuz, J10-J9
Am Kleinforst, Q20-S21
Am Klompenkothen, J8
Am Klosterhof, M12
Am Köhnen, R22-R23
Am Königshof, M12
Am Koppelshof, S13-T13
Am Krahnap, P20
Am Krausen Baum, I7
Am Kreuz, L5
Am Kreuzberg, I9
Am Krienengarten, H5
Am Krummen Weg, H15
Am Kuhtor, I19
Am Langen Weiher, P23
Am Langenfeldsbusch, S19
Am Lehn, R16
Am Lichtenbroicher Graben, M11
Am Litzgraben, L6
Am Massenberger Kamp, O22
Am Mergelsberg, R13-S13
Am Mickeler Busch, N24
Am Mönchgraben, S23-T24
Am Moschenhof, R14-S14
Am Mühlenacker, I8-J9
Am Mühlenberg, G16
Am Mühlendamm, L7-M6
Am Mühlenkamp, J8
Am Mühlenturm, I9
Am Nettchesfeld, O23
Am Neuenhof, R13-S13
Am Nordfriedhof, K14
Am Oberen Werth, I8
Am Ökotop, G16
Am Pappelwäldchen, I15-K17
Am Pesch, R16

Düsseldorf

Am Pfaffenbusch, T19-T20
Am Pflanzkamp, R21
Am Platten Stein, L6-M6
Am Postsportplatz, P17
Am Poth, Q16-R16
Am Pritschauhof, S24
Am Püttkamp, R13-S13
Am Quellenbusch, Q17
Am Rahmer Feld, L5
Am Rethert, S23
Am Rittersberg, S26
Am Ritterskamp, I10-I9
Am Röttchen, L12-M13
Am Rosenbusch, T20
Am Roten Haus, K12-K13
Am Sandacker, I19-I20
Am Sankt Remigius, I6
Am Schabernack, O20
Am Scharfenstein, K21
Am Scheidt, U14
Am Schein, N14
Am Schmidtberg, V14-V15
Am Schneisbroich, M13
Am Schnepfenhof, N15
Am Schönenkamp, R21-T23
Am Schorn, M11
Am Schürberg, Q12-R12
Am Schüttenhof, O12
Am Schulberg, P16
Am Schultersbusch, R13
Am Schurfwinkel, O19-P19
Am Schwalbenberg, T20
Am Schwarzbach, J8
Am Seeblick, T20
Am Seestern, I15-I16
Am Silberberg, T19
Am Spaltwerk, O21
Am Spangen, P19
Am Spielberg, I11
Am Spindelbusch, T20
Am Staad, H13-I14
Am Staatsforst, R22-S22
Am Steinberg, L20
Am Steinebrück, N24-O24
Am Stock, M11
Am Strasserfeld, T20-U20
Am Strauchbusch, I16
Am Straußenkreuz, P21
Am Stufstock, O19-O20
Am Südfriedhof, J20
Am Tannenwäldchen, L14
Am Tiefenberg, R14
Am Töllershof, I7

Düsseldorf

Am Trippelsberg, O24-Q24
Am Turnisch, P20
Am Venn, Q16
Am Vogelsang, J13
Am Wackerzapf, Q14
Am Wagenrast, R13
Am Walbert, L12
Am Wald, S23-S24
Am Wallgraben, R16
Am Wasserturm, R25
Am Wehrhahn, M17
Am Weißen Stein, J6-K6
Am Weyersberg, T20-U20
Am Wiedenhof, I9
Am Wildpark, Q15
Am Zaulsbusch, T20
Am Zollhaus, Q17
Am Zunder, O23
Amalienstraße, O13
Amalienweg, J13-K13
Amboßplatz, I16
Amboßstraße, I16
Ammerweg, K13
Amrumstraße, L12
Amselstraße, R19-R20
Amsterdamer Straße, J13-J14
An den 13 Morgen, J20
An den Birken, J12-J13
An den Garather Hütten, U26
An den Kämpen, L6
An den Linden, L6
An den Vier Winden, H11
An der Alten Mühle, J9
An der Anger, M7-M9
An der Apfelweide, J16
An der Bausenheide, H11-H12
An der Dankeskirche, R24
An der Garather Motte, U26
An der Golzheimer Heide, K13
An der Icklack, N17-N18
An der Jagengrenze, O24
An der Kaiserburg, Q15
An der Kalvey, I7
An der Lank, M11
An der Leimkuhle, Q17
An der Linde, U14
An der Piwipp, L13-M13
An der Reith, K8-L8
An der Schanz, I6-I7
An der Schützenwiese, O19
An der Thomaskirche, N15
An der Vehlingshecke, K21
An der Wilkesfurth, Q22-R22

Düsseldorf

An der Ziegelei, S26
An Dreilinden, S14
An Sankt Lambertus, J9
An Sankt Swidbert, I10-I9
Andreasstraße, L17
Anemonenweg, P19
Angeraue, L5
Angerbenden, L5-L6
Angermunder Straße, K7-M6
Angerstraße, R26
Anhalter Straße, P20
Anna-Maria-Luisa-Medici-Platz, K18
Anna-von-Krane-Straße, I12
Annastraße, M16
Annostraße, I10
Annweilerstraße, P20
Anrather Weg, H15-H16
Ansbacher Straße, R24
Anton-Fahne-Weg, O15
Antoniusstraße, L19-M19
Aplerbecker Straße, M13
Apollinarisstraße, M19
Aprather Straße, R15
Ardennenstraße, F17-F18
Arminstraße, M19
Arndtstraße, M16-M17
Arnheimer Straße, I8-I9
Arnold-Schönberg-Straße, S26
Arnoldstraße, L16-L17
Arnstadter Weg, Q18
Arnulfstraße, J17
Arthur-Kampf-Straße, K6
Artusstraße, O14
Aschaffenburger Straße, Q23-R23
Aschenbrödelweg, P17
Askanierstraße, J16-K16
Asternweg, K13-L13
Auerhahnweg, K13
Auerweg, N22
Auf dem Draap, I21-J22
Auf dem Hohen Wall, I9
Auf dem Kampe, I20-J19
Auf dem Rheindamm, K22-L22
Auf dem Scheinsfeld, N14
Auf dem Ufer, R26
Auf den Breiden, T19-T20
Auf den Gathen, I20
Auf den Geisten, L12
Auf den Kuhbenden, P17
Auf den Kuhlen, I19
Auf den Steinen, I20
Auf der Bieth, J9-K9
Auf der Böck, I20

Düsseldorf

Auf der Gemarke, P17-P18
Auf der Hardt, P16
Auf der Hofreith, J8-K8
Auf der Krone, K6-L6
Auf der Lausward, I18-J18
Auf der Reide, M12-M13
Auf'm Großenfeld, P20
Auf'm Hennekamp, L20-M19
Auf'm Rott, N21-N22
Auf'm Tetelberg, K20
Auf'm Wettsche, N23-N24
Auf'm Winkel, N24
Auf`m Hitzberg, T20
Augsburger Straße, R24
August-Clemens-Straße, S26-T26
August-Thyssen-Straße, L17
Augustastraße, M16
B
Bachstelzenweg, K13
Bachstraße, K20-L19
Bad Harzburger Straße, U27-V27
Bäckergasse, K18
Bäckerstraße, K18
Bagelstraße, M16-M17
Bahlenstraße, O22-P23
Bahnhofstraße, L6
Bahnstraße, L18
Balckestraße, S24
Baldurstraße, H17
Baltenstraße, R17-R18
Baltrumstraße, L12
Bamberger Straße, R24-S23
Bankstraße, L15-L16
Barbarastraße, M15
Barbarossaplatz, J17
Barbarossawall, I9
Bardelebenstraße, J17
Barmer Straße, J17
Barntruper Weg, L13-M13
Baseler Weg, P18
Bastionstraße, K18-L18
Batterieweg, I21-J21
Bauenhäuser Weg, P14-Q12
Baumberger Weg, R26-S28
Baumschulenweg, L6
Baumstraße, L14
Bayerstraße, G16
Bayreuther Straße, R23-S24
Bebelstraße, R19
Bebraer Weg, Q18-R18
Becherstraße, M15
Beckbuschstraße, I13-J13
Bedburger Straße, K20

Düsseldorf

Beedstraße, L12
Beethovenstraße, N17
Begonienstraße, J13
Behrenstraße, N17
Behringweg, O22
Beim Dorf, J16
Bellscheidtstraße, Q16
Belsenplatz, J17
Belsenstraße, J17
Bendemannstraße, M18
Benderstraße, Q16
Benedikt-Kippes-Weg, H17
Benedikt-Schmittmann-Straße, M16
Benediktusstraße, H17
Bennigsen-Platz, K15
Benninghauser Straße, O22-P22
Benrather Marktplatz, S24
Benrather Rathausstraße, R24
Benrather Schloßallee, Q24-S24
Benrather Schloßufer, Q24-R26
Benrather Straße, K18-L18
Benrodestraße, Q24-R24
Bensberger Weg, P22
Bensheimer Straße, P20
Benzenbergstraße, K19
Benzstraße, O17
Berger Allee, K18
Berger Straße, K18-L18
Bergesweg, J8-K7
Bergische Landstraße, P16-V14
Bergiusstraße, O23
Bergstraße, T20
Bergzaberner Weg, O20
Berliner Allee, L17-L18
Bernburger Straße, P20
Berner Weg, P18
Bertastraße, P18-Q17
Bertelsweg, U13
Bertha-von-Suttner-Platz, M18
Bertha-von-Suttner-Straße, U28
Berzeliusstraße, G16
Bessemerstraße, Q23
Beuthstraße, M17
Beverweg, P16-P17
Bielefelder Straße, L13
Bieler Weg, P18
Bilker Allee, K19-L19
Bilker Straße, L18
Bilkrather Weg, K5-L6
Bingener Weg, O20
Binnenstraße, N17-N18
Binterimstraße, K20-L20
Birkenhof, M21

Düsseldorf

Birkenstraße, M17-N17
Birkenweg, S19-T19
Birkhahnweg, K13
Bismarckstraße, L18-M18
Bismarckweg, P15-P16
Bittweg, M20
Blanckertzstraße, Q14-R14
Blasiusstraße, I19-I20
Blaumeisenweg, L6
Bleichstraße, L17
Bloemstraße, L14
Blombachweg, P17
Blücherstraße, L16
Blumenrathweg, V14
Blumenstraße, L17-L18
Blumenthalstraße, L15
Blumenweg, L6
Bocholter Straße, L13
Bochumer Straße, N13
Bockhackstraße, R26-S26
Bockumer Straße, G4-I7
Bockumer Weg, M11
Bodinusstraße, N16
Böcklinstraße, O15
Böhlerstraße, G16-H15
Böhlerweg, G16
Böhmestraße, J13
Börchemstraße, R24-S24
Börnestraße, M17
Bötzkes Straße, K15
Bogenstraße, M19-N18
Bolderbergweg, R14
Bolkerpassage, L17
Bolkerstraße, L17
Boltensternstraße, M16
Bongardstraße, L16-L17
Bonifatiusstraße, H15
Bonner Straße, P23-Q24
Borbecker Straße, M12
Borkumstraße, K12
Borresweg, J21
Borsigstraße, M19
Boschstraße, O23
Boskampweg, O13-O15
Brabantstraße, O16
Brachtstraße, L19-L20
Brachvogelweg, K13-K14
Brackeler Straße, M13
Brackweder Straße, L13
Brahmsplatz, N16
Brandenburgstraße, P16
Brassertweg, N21

Düsseldorf

Braunfelsweg, L20-P21
Braunsberger Straße, R22
Bredelaerstraße, J12
Brehmplatz, N16
Brehmstraße, N15-N16
Breidenbruch, U21-U22
Breidenplatz, T20
Breisacher Straße, K13-L13
Breite Straße, L18
Breitscheider Straße, R16
Bremer Straße, J18
Brend'amourstraße, K17
Breslauer Straße, P19
Briedestraße, Q23-R23
Brieger Weg, Q19
Brinckmannstraße, L20-M20
Brinellstraße, T20
Brockenstraße, T25
Brölweg, P16-P17
Bromberger Straße, R23
Brorsstraße, T20
Bruchgrabenweg, S20-U20
Bruchhausen, U14
Bruchhausenstraße, O21
Bruchstraße, N17-O17
Brucknerstraße, S25
Brückenschlag, L5
Brückenstraße, K19
Brüderstaße, K16-L16
Brüggener Weg, J16
Brüsseler Straße, G16-J16
Bruhnstraße, L20-M20
Brunhildenstraße, H17
Brunnenstraße, L19-L20
Bruno-Schmitz-Straße, T26
Bublitzer Straße, R23
Buchenstraße, Q23-R23
Buchenweg, T19
Buchfinkenweg, K13
Buchholzer Weg, M11
Buddestraße, M15
Bücherstraße, R26
Bückerbergweg, L22
Bueckstraße, L14
Büdericher Straße, H15
Büdingenstraße, R17-R18
Büllenkothenweg, Q21-R21
Bülowstraße, M15
Büngerstraße, S23-S24
Bürgerstraße, K19
Büttgenbachstraße, G16-G17
Büttgenweg, H15
Bunsenstraße, M19

Düsseldorf

Bunzlauer Weg, P19-Q18
Burgallee, I9
Burgenlandweg, P22
Burggrafenstraße, K17
Burghofstraße, K19-L19
Burgmüllerstraße, O15-O16
Burgplatz, K17
Burgunderstraße, F17-F18
Burscheider Straße, O21-O22
Buscherhofstraße, S23
Buscherstraße, M15
Buschgasser Weg, J8-K7
Butzbacher Weg, O20-P20
Buysstraße, L20
C
Cäcilienstraße, S24
Calvinstraße, R24-S24
Camphausenstraße, M16-M17
Cannstatter Straße, S26
Cantadorstraße, M17
Capitostraße, S24
Cardaunstraße, R19
Carl-Friedrich-Goerdeler-Straß, U26
Carl-Jaspers-Straße, U28
Carl-Maria-Splett-Straße, U28
Carl-Mosterts-Platz, M16
Carl-Severing-Straße, U27
Carl-Sonnenschein-Straße, K13
Carl-von-Ossietzky-Straße, U26-U27
Carlo-Schmid-Straße, U28
Carmenstraße, I17
Cecilienallee, K15-K16
Celler Weg, L13
Celsiusweg, N22
Chamissostraße, N16
Charlottenstraße, L18-M18
Chemnitzer Straße, Q20
Cheruskerstraße, J17
Chlodwigstraße, L21
Chopinstraße, S25
Christophstraße, M21
Cimbernstraße, J17-K17
Citadellstraße, K18
Clara-Viebig-Straße, N16
Clarissenstraße, G17-H17
Claudiusstraße, J13
Clausiusweg, N21-N22
Clausthal-Zellerfelder Straße, U27-V27
Clemens-Brentano-Straße, I13
Clemensstraße, L21
Cloppenburger Weg, L12
Coburger Weg, Q19
Coesfelder Straße, L13

Düsseldorf

Collenbachstraße, L15-L16
Colmarer Straße, K13-L13
Columbusstraße, I17
Comeniusplatz, J16
Comeniusstraße, J16-J17
Conesweg, S13-T12
Cordobastraße, L16
Corellistraße, S25-T25
Corneliusplatz, L17
Corneliusstraße, L18-L19
Couvenstraße, M17
Cranachplatz, N17
Cranachstraße, N17-O17
Cronenberger Weg, N22-O22
Cruthovener Straße, P20
Curieweg, N22
Cuxhavener Straße, I19

D

Dabringhauser Straße, O22
Dachsbergweg, O13-Q13
Daelenstraße, O17
Dagobertstraße, L20
Dahlienweg, K13
Daimlerstraße, O17
Damaschkestraße, K12-K13
Daneköthen, Q19-R19
Danziger Straße, J12-K14
Darmstädter Straße, P20
Dasselstraße, S23
Dauzenbergstraße, I9
Davidstraße, P12
De Blääk, I19
Dechant-König-Weg, J17
Dechenweg, N22-O22
Degerstraße, N17
Deikerstraße, K13-K14
Deilbachweg, P17
Dellestraße, T20
Demagstraße, S24
Der Grüne Weg, H11-H12
Derendorfer Straße, M16-M17
Derfflingerstraße, N14-O14
Dernbuschweg, R15-R16
Detmolder Weg, L13
Deutzer Straße, Q21-R21
Dianastraße, K19
Dickelsbachweg, P17
Dickhausweg, M11
Diedenhofener Straße, L15
Diepenstraße, P17-Q17
Dieselstraße, O17
Diesterwegstraße, H17
Dietrichstraße, P20

Düsseldorf

Diezelweg, K13
Dillenburger Weg, O21-P20
Dinnendahlstraße, O16-O17
Dinslakener Straße, M13
Dirschauer Weg, S23
Döberitzer Straße, R22
Dörgelsberg, H5-H6
Dörnbergstraße, S23
Dörpeweg, P17
Dörpfeldstraße, Q17-R17
Dohlenweg, K13
Dominikanerstraße, J17
Dompfaffweg, K13
Dopplerweg, N21-N22
Dorfstraße, U14
Dormagener Straße, K20
Dornaper Straße, Q16
Dornröschenweg, P17
Dorotheenplatz, N17
Dorotheenstraße, N17
Dorper Weg, U17-W14
Dorstener Straße, M12-M13
Dortmunder Straße, N13
Drängenburger Straße, R26
Drakeplatz, J17
Drakestraße, J17
Dreherstraße, P17-R16
Dreieckstraße, M19
Dreifaltigkeitsstraße, R17
Dresdener Straße, U27-V28
Driburger Straße, N13
Drosselstraße, R19
Drosselweg, L6
Droste-Hülshoff-Straße, I13
Drususstraße, I17
Duderstädter Straße, V28
Dünenweg, K13-L13
Dürener Straße, K21
Dürkheimer Weg, N20-O20
Düsseldorfer Straße, I17-K17
Düsselkämpchen, M16
Düsselstraße, K19
Düsselthaler Straße, M17
Duisburger Landstraße, I4-I8
Duisburger Straße, L16-L17

E

E-Plus-Platz, L12
Eckampstraße, O14
Eckenerstraße, K12-L12
Edenkobener Weg, O20
Edisonplatz, O17
Edith-Stein-Weg, J14-K14
Edmund-Bertrams-Straße, J9-K10

61

Düsseldorf

Eduard-Schloemann-Straße, N16-O16
Eduard-Schulte-Straße, L20-L21
Efeuweg, K13-L13
Egbertstraße, I10
Eggerscheidter Straße, N14-O14
Egilweg, O19
Ehrenhof, K16-L17
Ehrenpreisweg, P18
Ehrenstraße, L16-L17
Eibenstraße, T20
Eichelstraße, Q23-R23
Eichenbruch, J12-J13
Eichendorffstraße, J14
Eichenkreuzstraße, P23
Eichenwand, S19
Eichkatzstraße, R19
Eichsfelder Straße, U28-V28
Eickeler Straße, N13
Eifeler Straße, M18
Eifgenweg, P17
Einbecker Straße, Q22-R22
Einbrunger Straße, I7-K8
Einbrunger Weg, M11
Einsiedelstraße, S25-T24
Einsteinstraße, O23
Eintrachtstraße, M18-N18
Eisenacher Weg, R18
Eisenstraße, M18-N18
Eiskellerberg, L17
Eiskellerstraße, L17
Eitelstraße, O13-P12
Ekkehardstraße, M13-N13
Elberfelder Straße, L17
Elbinger Weg, H11
Elbruchstraße, O23
Elfgenweg, H15
Elisabethstraße, L18-L19
Eller Kamp, Q19-Q20
Ellerbittweg, P20
Ellerkirchstraße, P20-Q20
Ellerstraße, M18-N19
Elly-Heuss-Knapp-Straße, U28
Ellystraße, P22
Elmenweide, N24
Elsa-Brändström-Straße, U28
Elsässer Straße, K13-L13
Elsternweg, K13
Emanuel-Leutze-Straße, I15-I16
Emil-Barth-Straße, T27-U27
Emmastraße, M19
Emmericher Straße, K16-L16
Enge Gasse, R27-R28
Engelbertstraße, N18

Düsseldorf

Engerstraße, O17
Ennepeweg, P17
Enzianstraße, J13
Erasmusstraße, L19-L20
Erbacher Weg, O20
Erftplatz, J19
Erftstraße, J19-K19
Erfurter Weg, Q18-Q19
Erich-Hoepner-Straße, J14-J15
Erich-Klausener-Straße, J14-K14
Erich-Müller-Straße, R24
Erich-Ollenhauer-Straße, T27
Erik-Nölting-Straße, M18
Erikastraße, R19
Erkelenzer Straße, K21
Erkrather Landstraße, T16-U13
Erkrather Straße, M18-O19
Erlanger Straße, R24
Erlenkamp, R19
Erlenweg, S23
Ernst-Gnoß-Straße, K18-K19
Ernst-Lemmer-Straße, U28
Ernst-Poensgen-Allee, O15-P16
Ernst-Reuter-Platz, L18
Ernst-Schneider-Platz, L17-L18
Erwin-Rommel-Straße, N14
Erwin-von-Witzleben-Straße, J14
Eschbachweg, P17
Eschenweg, K13-L13
Eschweiler Straße, I15-J16
Esmarchstraße, L19-L20
Espenweg, L6
Esperantostraße, L14
Essener Straße, L15-L16
Essersberg, V12-V13
Eßlinger Straße, S26
Eugen-Richter-Straße, N15
Eulerstraße, M15-M16
Eupener Straße, F17
Europaplatz, I13
Euskirchener Straße, I16-J16
Eythstraße, O17-P17
Fabriciusstraße, L20
F
Fährerweg, H10-I9
Fährstraße, I20-K19
Färberstraße, L19-M19
Fahneburgstraße, O15-P14
Fahrenheitweg, N22
Falkenweg, K13
Fallingbosteler Straße, M13
Farnweg, J13
Fasanenweg, K13

Düsseldorf

Faunastraße, N16
Fechnerweg, N22
Fehmarnstraße, M12
Fehrbellinstraße, O14
Felderhof, N12
Feldersbachweg, P17
Feldhuhnweg, H5
Feldmühleplatz, K17
Feldstraße, L16-L17
Felix-Klein-Straße, K14
Ferdinand-Hiller-Weg, T25-T26
Ferdinandstraße, R23-S23
Festenbergstraße, P20
Feuerbachstraße, L20-M19
Fichtenstraße, N18-O19
Finschstraße, S26-T26
Fischerstraße, L16
Flachskampstraße, T19-T20
Flachsmarkt, R16
Flaschenstraße, R18
Fleher Brücke, L22
Fleher Deich, K22-L21
Fleher Kirchstraße, K21-K22
Fleher Straße, K20-L22
Flemingweg, N22
Flenderstraße, S24
Flensburger Straße, L13
Fliederweg, K7-L7
Fliednerstraße, I9
Flinger Broich, O17-P17
Flinger Passage, L17
Flinger Richtweg, P17
Flinger Straße, L17-L18
Flößerstraße, S26
Florastraße, K19-L19
Florensstraße, I20
Floßstraße, I19
Flotowstraße, S25
Flottenstraße, P20-P21
Flügelstraße, M19-N19
Flughafenstraße, J12
Flurstraße, N17-O17
Föhrenweg, J13
Fontanestraße, N14-N15
Forster Weg, Q14-R15
Forsthaussteig, O13-P13
Forststraße, S24-T23
Fortunastraße, N17
Frankenplatz, L15
Frankensteiner Straße, P19-P20
Frankenstraße, L15
Frankenthaler Weg, O20
Frankfurter Straße, S25-V28

Düsseldorf

Franklinstraße, M16
Franz-Hitze-Straße, S26
Franz-Jürgens-Straße, J14-J15
Franz-Lieder-Straße, S26
Franz-Liszt-Straße, S25
Franz-Rennefeld-Weg, M12
Franz-Vaahsen-Weg, I7
Franziusstraße, J19
Frauenlobweg, N14
Fraunhoferweg, N21
Freiburger Straße, R21
Freiheitshagen, M6
Freiheitstraße, R19
Freiherr-vom-Stein-Straße, U28
Freiligrathplatz, J13
Freiligrathstraße, L16-L17
Freytagstraße, N16
Friedberger Weg, P21
Friedensplätzchen, K19
Friedenstraße, K19
Friedhofstraße, S24
Friedhofsweg, J9-K9
Friedingstraße, Q16
Friedlandstraße, P20
Friedrich-Ebert-Straße, M18
Friedrich-Engels-Straße, R19
Friedrich-Lau-Straße, J14-K14
Friedrich-Springorum-Straße, N16
Friedrich-von-Spee-Straße, I9
Friedrich-Wilhelm-Straße, R17
Friedrichstraße, L18-L19
Friesenstraße, J17
Fringsstraße, I19
Fritz-Brandt-Weg, S25-S26
Fritz-Erler-Straße, T26-U26
Fritz-Köhler-Weg, H5-I6
Fritz-Milster-Weg, I16
Fritz-Reuter-Straße, K21
Fritz-Roeber-Straße, K17-L17
Fritz-Straßmann-Straße, N23
Fritz-Vomfelde-Straße, I16
Fritz-von-Wille-Straße, O14-O15
Fritz-Wüst-Straße, N16
Frobenstraße, O14
Fröbelstraße, Q18
Fröhlenstraße, S23
Froschkönigweg, P17
Fruchtstraße, L20
Füllenbachstraße, K14
Fürstenberger Straße, R22
Fürstenplatz, L19
Fürstenwall, K18-L19
Füsilierstraße, L15

63

Düsseldorf

Fuhlrottweg, N21
Fuldaer Straße, P21
Further Straße, R22

G

Gablonzer Straße, M5
Gänsestraße, R26
Gandersheimer Straße, J9
Gangelplatz, M19-N19
Ganghoferstraße, J13-K13
Gantenbergweg, L21-L22
Garather Kirchweg, U27
Garather Schloßallee, U27
Garather Straße, R26-S26
Gartenstraße, L17
Gatherweg, O19-P19
Gaußstraße, O17
Geeststraße, O24-P24
Gehrtsstraße, O16
Geibelstraße, O15-O16
Geißlerweg, N21-N22
Geistenstraße, L15-M15
Gelderner Straße, K15
Gelleper Straße, H15
Gellertstraße, O16
Gelsenkirchener Straße, N13
Gemünder Straße, I16-J16
Genfer Weg, P18
Gengerstraße, M16
Georg-Daniel-Teutsch-Straße, U28
Georg-Glock-Straße, K15
Georg-Schulhoff-Platz, K19-K20
Geraer Weg, Q19
Geranienweg, L13
Gerberstraße, N20-O20
Gerhard-Domagk-Straße, K14-K15
Gerhardstraße, L14
Gerhart-Hauptmann-Straße, N14-N15
Gerichtsschreiberweg, K7-K8
Germaniastraße, K19-K20
Gernandusstraße, I9
Gerresheimer Landstraße, S20-U21
Gerresheimer Straße, M17-N17
Gerricusplatz, R16
Gerricusstraße, R16
Gerstäckerstraße, J13-K14
Gertrud-Woker-Straße, O23
Gertrudisplatz, P20
Gertrudisstraße, P20
Gießener Weg, O20
Gilbachstraße, J19
Ginsterweg, K7-L7
Girardetbrücke, L18
Gladbacher Straße, J19-K19

Düsseldorf

Gladiolenstraße, J14
Glasbläserstraße, Q17-R17
Glashüttenstraße, R18
Glatzer Straße, P19
Glehner Weg, H15-H16
Gleiwitzer Straße, P19
Glockenstraße, L15
Glogauer Straße, P19
Gluckstraße, S25
Glücksburger Straße, J17
Gneisenaustraße, L16
Gnesener Straße, R23-S23
Gocher Straße, I16
Goebenstraße, L16
Gödinghover Weg, R18-T17
Göppinger Straße, S26
Görlitzer Straße, M5
Görresstraße, R24-S24
Goethestraße, N16-N17
Gogrevestraße, L19
Goldackerweg, L4-L5
Goldlackstraße, R19
Goldregenweg, J12-J13
Gollenbergsweg, U12-U13
Goltsteinstraße, L17-M17
Golzheimer Platz, K15
Golzheimer Straße, L15
Goslarer Straße, U28
Gotenstraße, L21
Gothaer Weg, Q18-R18
Gottfried-Hötzel-Straße, G17
Gottfried-Keller-Straße, J13-J14
Grabbeplatz, L17
Grabenstraße, L18
Gräfrather Straße, Q16
Gräulinger Straße, Q15-R16
Graf-Adolf-Platz, L18
Graf-Adolf-Straße, L18-M18
Graf-Engelbert-Straße, M6
Graf-Recke-Straße, N16-O15
Graf-von-Stauffenberg-Straße, U28
Grafenberger Allee, M17-O16
Grafenberger Höhenweg, P14-P15
Grashofstraße, M14-M15
Graudenzer Straße, R23-S22
Gravelottestraße, L15
Greifswalder Straße, T25
Greifweg, I16-J17
Grenzweg, I6-J6
Grevenbroicher Weg, H15-H16
Grillparzerstraße, N14
Grimlinghauser Straße, K21
Grimmstraße, O15-O16

Die wegweisenden Wandertipps

„Alles im Wanderland" ist die pfiffigste Gebrauchsanweisung für einen erlebnisreichen Outdoortag allein, mit Freunden oder der Familie.

Doro und Rainer Gottwald
Alles im Wanderland

Band 1:
16 Touren rund um Köln mit Wanda und Paul
176 S., mit zahlr. Karten u. farb. Abb., kart.

19,80 DM

Band 2:
16 neue Touren rund um Köln mit Wanda und Paul
ca. 176 S., mit zahlr. Karten u. farb. Abb., kart.

ca. 19,80 DM

Jetzt im Buchhandel !

J.P. BACHEM VERLAG

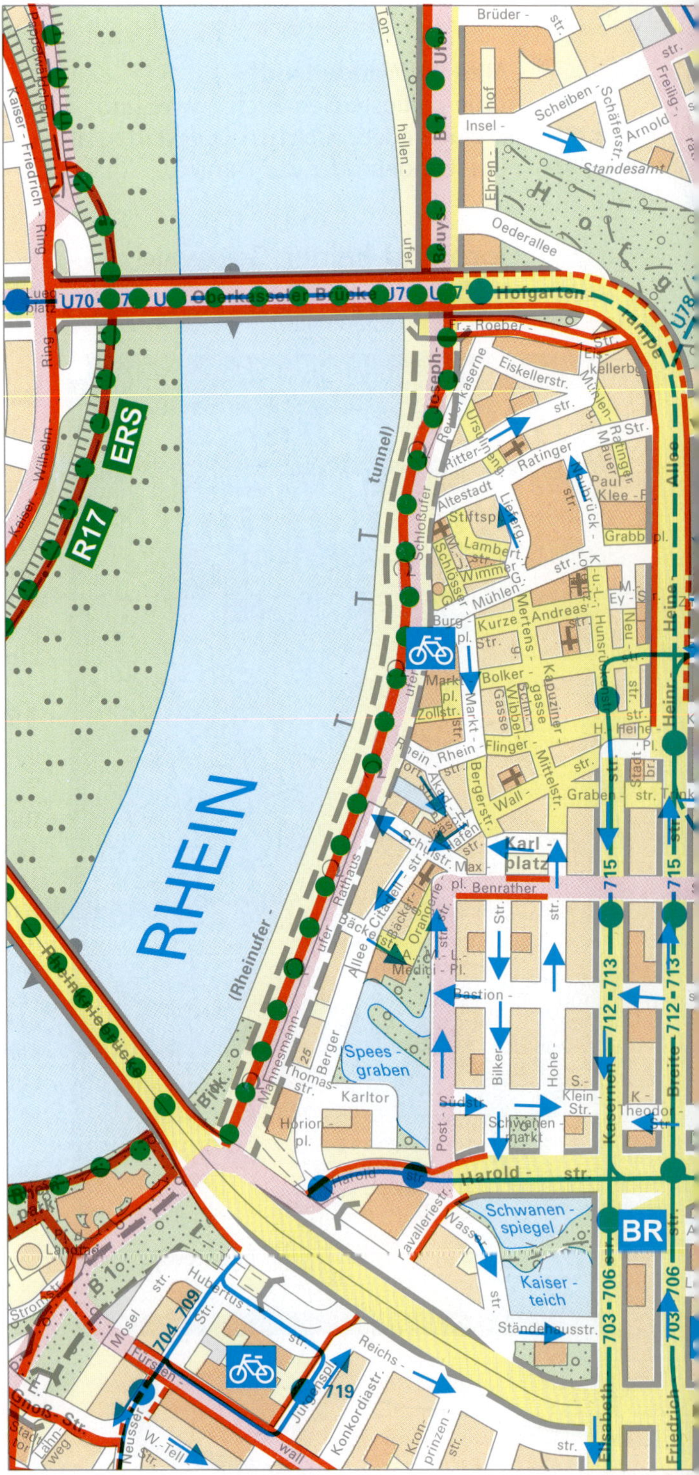

Kapellstr.
Feld
Stern
Sterngasse
706
Duisburger
Rochus
Ehren
str.
Bongardstr.
Georg
Schmittm Str.
B.-
Camphausen
Derendorfer
704
Arndtstr.
Str.
Schirmer
Str.
Bagel
Düsselthaler
Schinkel
Vagedes
707
Mozartstr.
Rosen
Taubenstr.
Rosengasse
Garten
Prinz
Pempelfort
Pempelforter
Adler
Beuthstr.
Louisen
Malkastenstr.
Jägerhofstr.
Jacobistr.
imilian
ne - Allee
701-706
711-715
Nördl. Düssel
Goltsteinstr.
L.-Dumont-Str.
Str.
Wehrhahn
Wieland
Landskrone
Thyssen
Str.
G.-Gründgens
Bleich-str.
Am
713
Tonhallenstr.
Kölner
Gerresheimer Str.
704
703-712
Cantadorstr.
Börne
Str.
Schadow-pl.
Schadow
Liesegangstr.
Wagnerstr.
Kloster
Leopold
Stephanienstr.
Karl-Anton-Str.
Hohenzollernstr.
Blumenstr.
M.-Luther-Pl.
Schneider-Pl.
Königstr.
Marien
Immermann
fürstenstr.
Allee
Josephinenstr.
Bendemann str.
Kur
Deutsch. Einheit
U70
U74
U75
U76
Friedrich
Ebert
U77
U78
U79
Bismarck
Kreuz
Stresemann
Grünstr.
Königs-
Huschberger Str.
701-711
Alexanderstr.
Grupello
Charlotten
Konrad-
Adenauer-
Platz
Hbf
U70
U76
U78
U79
S1
Karl
Bahn
Berliner
Ost
Adolf
715
704
709
719
Hüttenstr.
Ernst-Reuter-Pl.
BR
Rudolf-str.
Aders
Mintropstr.
Harkortstr.
Königsallee
str.
Cornelius
715
Helmholtzstr.
707 708
Poensgenstr.
S11
S8
S7
S6
Bahndamm
Dreieckstr.
Vulkan
Industrie
W.-Becker-Allee
Eller
Querstr.
Scheurenstr.
Pionier
Bunsenstr.
701 711
Jahn
Tal

Sich einfach mal einen schönen Tag machen...

Touren-Tipps zum Radeln und Rasten im Taschenformat

Ralph Jansen

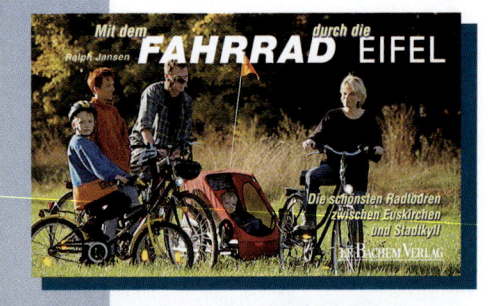

Mit dem Fahrrad durch die Eifel
Die schönsten Radtouren zwischen Euskirchen und Stadtkyll

Mit dem Fahrrad durch das Bergische und Oberbergische Land
Die schönsten Radtouren zwischen Bergisch Gladbach und Olpe

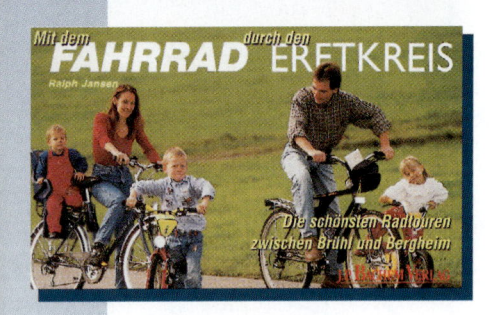

Mit dem Fahrrad durch den Erftkreis
Die schönsten Radtouren zwischen Brühl und Bergheim

Alle Bände mit

* ausführlichen Karten und zahlreichen Abbildungen
* handlichem Format für die Radlenkertasche
* einer benutzerfreundlichen Spiralbindung

je 144 Seiten, kartoniert, **je DM 19,80**

Jetzt im Buchhandel!

J.P. BACHEM VERLAG

Düsseldorf

Großenbaumer Weg, M10-M11
Großer Torfbruch, T20
Grünberger Weg, P18-Q18
Grüner Weg, O20-O21
Grünewaldstraße, J14
Grüneweg, J20
Grünscheider Straße, O22-P22
Grünstraße, L18
Grütersaaper Weg, Q13-R12
Gruitener Straße, N19
Grunerstraße, M15-N15
Grupellostraße, L18-M18
Gubener Straße, Q18-Q19
Gudastraße, R17
Guerickeweg, O22
Güstrower Straße, U26
Gumbertstraße, P20-Q20
Gurlittstraße, L20-M19
Gustaf-Gründgens-Platz, L17
Gustav-Kneist-Weg, R17
Gustav-Mahler-Straße, S26
Gustav-Poensgen-Straße, M19
Gustorfer Straße, G17
Gutenbergstraße, O15-O16
H
Haberstraße, O23
Habichtstraße, N14
Habsburgerstraße, J16
Händelstraße, S25
Haeselerstraße, N14
Hafenstraße, K18-L18
Hagebuttenweg, O18-P18
Hagenauer Straße, K12-K13
Hagener Straße, R17-R18
Hahnenfurther Straße, R15
Haifastraße, N18
Haigerweg, P21
Halbuschstraße, P22-Q22
Hallbergstraße, N15
Halskestraße, M19
Hamborner Straße, L12 M12
Hamburger Straße, I19-J18
Hammer Deich, I20-I21
Hammer Dorfstraße, I20-J19
Hammer Straße, J19-K19
Hanauer Weg, O20
Hans-Beckers-Straße, U28
Hans-Böckler-Straße, L15
Hans-Christoph-Seebohm-Straße, U28
Hans-Günther-Sohl-Straße, O16-O17
Hans-Sachs-Straße, N16-N17
Hansaallee, H15-J17
Hansaplatz, N15

Düsseldorf

Hardenbergstraße, R17
Hardter Höhenweg, P16
Hardtstraße, O16-P16
Harffstraße, N20-P21
Harkortstraße, M18
Harleßstraße, M15
Haroldstraße, K18-L18
Harpener Straße, N13
Hartwichstraße, J16
Hasenpfad, H5-H6
Hasper Straße, M13
Hasselbecker Straße, T13-U13
Hasselbeckstraße, Q16
Hasseler Richtweg, R21
Hasselsstraße, S23-S24
Hattinger Straße, N13
Hatzfeldstraße, R17-R18
Haubachweg, P17
Hauptstraße, S24
Haus-Endt-Straße, R25-R26
Haydnstraße, S25
Hebbelstraße, N16
Heckteichstraße, R18
Hectorstraße, I17
Heerdter Landstraße, F17
Heerdter Lohweg, H16-H17
Heerdter Sandberg, I16
Heerstraße, N19
Heesenstraße, G17
Heggemannstraße, P23
Heidelberger Straße, P21-Q21
Heiderpatt, K7-L7
Heiderweg, L6-L8
Heidestieg, J12
Heideweg, N14
Heilbronner Straße, S26
Heilenbeckeweg, P17
Heiligenhauser Straße, R22-R23
Heiligenstädter Straße, U27
Heiligenstraße, R26
Heiligenweg, H13-I12
Heimgarten, O19-P19
Heinefeldplatz, K13
Heinrich-Biesenbach-Straße, R19-R20
Heinrich-Ehrhardt-Straße, L14-M14
Heinrich-Heine-Allee, L17-L18
Heinrich-Heine-Platz, L17-L18
Heinrich-Hertz-Straße, P24
Heinrich-Könn-Straße, Q16
Heinrich-Köppler-Straße, U28
Heinrich-Lersch-Straße, U27
Heinrich-Opladen-Straße, S26
Heinrich-Schütz-Straße, S25

Düsseldorf

Heinrich-von-Brentano-Platz, T27
Heinrich-Willinghöfer-Weg, Q19
Heinrichstraße, N15-N16
Heinsbergstraße, J16
Heinsenstraße, I20-J19
Heinz-Schmöle-Straße, M18
Heinzelmännchenweg, P16-P17
Helgolandstraße, L12
Hellerhofweg, T28-U28
Hellriegelstraße, K21-K22
Hellweg, O17-P17
Helmholtzstraße, L19-M18
Helmut-Stieff-Straße, J15
Helmutstraße, O13
Heltorfer Mark, L5
Heltorfer Schloßallee, K5-K6
Heltorfer Straße, M11-N11
Hemmersbachweg, J19-K19
Henkelstraße, P23-R22
Henri-Dunant-Straße, H12-I11
Henriettenstraße, K20
Heppenheimer Weg, O19-O20
Herbert-Eulenberg-Weg, H10-I9
Herborner Weg, O21
Herchenbachstraße, N15
Herdecker Straße, M13
Herderstraße, M16-N16
Heresbachstraße, L19-L20
Herforder Weg, L13
Hermann-Dornscheidt-Straße, N14
Hermann-Ehlers-Straße, T27
Hermann-Hesse-Straße, O15
Hermann-vom-Endt-Straße, S26
Hermann-Weill-Straße, J15-K14
Hermannplatz, N17
Hermannstadtstraße, P22
Hermannstraße, N17
Herner Straße, N13
Hersfelder Straße, P21
Herzogstraße, L19
Hetjensstraße, O12
Heubesstraße, S24
Heyestraße, R16-R18
Heymstraße, I13
Hiddenseestr., L12
Hildebrandtstraße, L19
Hildener Straße, S25-T25
Hildesheimer Weg, L13
Himmelgeister Landstraße, M22-N23
Himmelgeister Straße, L20-M22
Hinacker, I6
Hinsbecker Straße, J15
Hinter dem Bahndamm, M19

Düsseldorf

Hinter den Höfen, P23
Hinter den Kämpen, I6
Hinter der Böck, I20
Hirschburgweg, P16
Hirschweg, O12
Hitdorfweg, N21
Hochdahler Straße, Q15-R15
Hochstraße, R26
Höhenstraße, M18-M19
Höherhofstraße, P18-R18
Höherweg, N18-P18
Höhrather Straße, P22
Höhscheider Straße, O21
Hölderlinstraße, I13-J13
Höltystraße, I12
Hörder Straße, M12-M13
Hördtweg, N13-N14
Höseler Straße, N20
Höxterweg, M13
Hoferhofstraße, L12-M13
Hoffeldstraße, N17
Hofgartenrampe, K17-L17
Hofgartenstraße, L17
Hohe Straße, L18
Hohenfriedbergstraße, P19
Hohensandweg, N21
Hohenstaufenstraße, K16
Hohenzollernstraße, M17-M18
Holbeinstraße, N16
Holbeinweg, K6-L6
Holterweg, T13-T14
Holtumer Weg, H5-I6
Holunderstraße, J13
Holunderweg, L6
Holzkampsweg, T19
Holzstraße, I19-J19
Homberger Straße, K15-K16
Hompeschstraße, N15
Hoppengarten, K6-L5
Horionplatz, K18
Hortensienstraße, J13-J14
Hospitalstraße, R24
Howeweg, N13-N14
Hoxbachstraße, S23
Hubbelrather Straße, N18
Hubert-Hermes-Straße, H15
Hubertusstraße, K18
Hückeswagener Straße, O21
Hügelstraße, P22-P23
Hühnerweg, L6
Hülchrather Straße, K21
Hülsdeller Weg, U13-V13
Hülsestraße, J13

Düsseldorf

Hülsmeyerplatz, N13
Hülsmeyerstraße, R14
Hünefeldstraße, J12
Hürthstraße, R19
Hüttenstraße, L18-M19
Hüttmannstraße, I12
Hugo-Viehoff-Straße, K14-L14
Hugo-Wilderer-Weg, T26
Humboldtstraße, M16-N17
Humperdinckstraße, S25
Hunsrückenstraße, L17
Huschbergerstraße, L18
Huvestraße, O24
Hymgasse, H17

I
Ickerswarder Straße, N24-O22
Ikarusstraße, I12-J12
Ikenstraße, Q16
Ilbeckweg, U10-V12
Ilexweg, L6-L7
Ilvericher Straße, H15
Im Broich, S20
Im Brühl, R18
Im Butzbroich, S20
Im Dämmergrund, N15
Im Dahlacker, K20
Im Diepental, Q25-R25
Im Geesterfeld, K13
Im Großen Winkel, L5-L6
Im Grund, I11-I12
Im Hasengraben, O24
Im Heerdter Feld, G16
Im Heidewinkel, Q15
Im Heidkamp, L6-L7
Im Hochfeld, T19-U20
Im Huferfeld, L12
Im Kämpchen, H17
Im Kleinen Winkel, L6-M6
Im Liefeld, N19
Im Lohauser Feld, I11
Im Luftfeld, I10
Im Mühlenbruch, L6-M6
Im Rottfeld, N15
Im Schlank, M11
Im Spich, I10-I9
Im Winkel, S19-T19
Immenweg, L7
Immermannstraße, L18-M18
Immigrather Straße, O22-P22
In den Benden, Q17
In den Blamüsen, L6
In den Dellen, I6
In den Diken, N13

Düsseldorf

In den Großen Banden, M20-N21
In den Kötten, Q19-R19
In den Maisbanden, R21
In der Buhlack, I19-J19
In der Donk, R22
In der Elb, Q21-R21
In der Flieth, R13
In der Hött, K21-L22
In der Laak, J19
In der Meide, R18
In der Nießdonk, M11
In der Rehwiese, R14
In der Steele, R22
Industriestraße, M19
Ingeborg-Bachmann-Straße, U28
Ingelheimer Weg, N20
Inkmannstraße, Q22-R23
Inselstraße, K17-L17
Insterburger Weg, P18
Irenenstraße, L13
Irisweg, L6-L7
Irmerstraße, J13
Irmgardstraße, O16
Isenburgstraße, Q16-Q17
Iserlohner Straße, N14-O13
Itterdamm, O25-O26
Itterstraße, O24-P23
Ivo-Beucker-Straße, O16

J
Jacobistraße, L17-M17
Jägerei, R26
Jägerhofpassage, L17
Jägerhofstraße, L17
Jägerstraße, P20
Jagenbergstraße, S24
Jahnstraße, L18-L19
Jakob-Kneip-Straße, T28-U27
Jan-Wellem-Passage, L17
Jan-Wellem-Platz, L17
Jean-Paul-Straße, O14
Jenaer Weg, Q19
Joachimstraße, J16-J17
Johannes-Hesse-Straße, T24
Johannes-Karsch-Weg, J7
Johannes-Radke-Straße, T26-T27
Johannes-Weyer-Straße, L20-M20
Johannsenstraße, J16
Johannstraße, L14
Jordanstraße, M16
Josef-Gockeln-Straße, K15
Josef-Kleesattel-Straße, T26
Josef-Knab-Straße, J15
Josef-Maria-Olbrich-Straße, S26-T26

Düsseldorf

Josef-Neuberger-Straße, P16-Q17
Josef-Ponten-Straße, T27
Josef-Stick-Straße, Q20
Josef-Wilbert-Straße, Q20
Josef-Wilden-Straße, I12
Josef-Willecke-Straße, H15
Josef-Wimmer-Gasse, K17-L17
Josefplatz, N19
Josefstraße, N19
Joseph-Beuys-Ufer, K16-K17
Joseph-Brodmann-Straße, J9
Josephinenstraße, L18
Jostenstraße, Q23
Jüchener Weg, H15
Jülicher Straße, L16-M15
Jürgensplatz, K18-K19
Jugenheimer Weg, N20
Juiststraße, L12
Julius-Buths-Weg, T25-T26
Julius-Raschdorff-Straße, T26-T27
Julius-Rietz-Straße, S26
Jung-Stilling-Straße, K14
Junkersstraße, O17

K

Kaarster Weg, H16
Kärntner Weg, P22
Kaiser-Friedrich-Ring, J16-K17
Kaiser-Friedrich-Straße, R24
Kaiser-Wilhelm-Ring, K17
Kaiserslauterner Straße, N20
Kaiserstraße, L16-L17
Kaiserswerther Markt, I9
Kaiserswerther Straße, J13-L16
Kaistraße, J19
Kaldenberger Straße, O23-O24
Kalkarer Straße, J16
Kalkstraße, I7-K5
Kalkumer Schloßallee, I9-M9
Kalkumer Straße, K11-L13
Kalkumer Weg, J5-J7
Kalkweg, K5-M5
Kallenbachstraße, R24
Kamenzer Weg, P18-Q18
Kammerrathsfeldstraße, R26-S26
Kamper Weg, Q20-R18
Kamperstraße, P23
Kampstraße, O21
Kanalstraße, J16
Kanonierstraße, L15
Kanzlerstraße, O13
Kapeller Hofweg, U26
Kapellstraße, L16
Kapellweg, J19-J20

Düsseldorf

Kappeler Straße, R23-R24
Kapuzinergasse, L17-L18
Karl-Anton-Straße, M17
Karl-Arnold-Platz, K15
Karl-Frech-Straße, Q18
Karl-Geusen-Straße, N19-P20
Karl-Hohmann-Straße, R23-R24
Karl-Houben-Straße, H11-I11
Karl-Jaspers-Straße, U28
Karl-Kleppe-Straße, J14-J15
Karl-Müller-Straße, N16-N17
Karl-Panzner-Weg, T25
Karl-Rudolf-Straße, L18
Karl-Schurz-Straße, K20-L20
Karl-Theodor-Straße, L18
Karl-Wagner-Platz, N17
Karlplatz, L18
Karlsruher Straße, P21-Q20
Karlstraße, M18
Karltor, K18
Karolingerplatz, L20
Karolingerstraße, K19-L20
Kartäuserstraße, L12
Karweg, P24
Kasernenstraße, L18
Kastanienallee, P14-Q14
Kastanienhof, M21
Katharinenstraße, R18
Kattowitzer Straße, P19
Katzbachstraße, P19
Kavalleriestraße, K18
Kay-und-Lore-Lorentz-Platz, L17
Kehler Straße, K12-K13
Keldachstraße, L21
Keldenichstraße, Q16-R16
Kelheimer Straße, R23
Kelsweg, M12
Kempener Straße, K15
Kempgensweg, O19-P19
Kennedydamm, K15-L15
Keplerstraße, L19
Kesselsbergweg, J9
Kesselstraße, J19
Kettelbecksweg, Q12-R12
Kettelerstraße, S26
Kettwiger Straße, N18
Kevelaerer Straße, F17-G17
Kiefernstraße, N18
Kiefernweg, S23
Kieler Straße, I19
Kieselstraße, O16
Kieshecker Weg, K11-M11
Kiesselbachstraße, P23-P24

Düsseldorf

Kikweg, Q21-S19
Kinkelstraße, L20
Kirchenweg, L4-M5
Kirchfeldstraße, K19-M19
Kirchhoffweg, N22
Kirchplatz, L19
Kirchstraße, N19
Kirchweg, L6-M6
Kirschblütenweg, U20
Kißbergweg, R14
Kissinger Straße, P21
Kittelbachstraße, I10
Klapheckstraße, J14-K14
Klarastraße, L6
Klashausweg, S13
Klausingstraße, J14
Kleianspatt, J9
Kleiansring, J9
Klein-Eller, P20
Kleineforstweg, Q14-Q15
Kleiner Torfbruch, S20-T20
Kleinschmitthauser Weg, L13
Kleinstraße, S24
Klemensplatz, I9
Klever Straße, K16-L16
Klingelhöferstraße, P22
Klopstockstraße, N16
Klosekamp, I8
Klosterstraße, L17-M18
Klotzbahn, Q17
Knechtstedenstraße, G17
Knittkuhler Straße, R11-S14
Koblenzer Straße, S25-U27
Kö-Passage, L17
Köhlstraße, J12
Kölner Landstraße, N21-P23
Kölner Straße, M17-N19
Kölner Tor, R16
Kölner Weg, N24-O26
Koenenkampweg, J4-L5
Königsallee, L17-L18
Königsberger Straße, O18-P19
Königshütter Straße, P18-Q18
Königstraße, L18
Körtingstraße, O17
Kösener Weg, Q19
Kösliner Straße, M5
Koetschaustraße, K14
Kohlrauschweg, O22
Kohlweg, I20-J20
Kolberger Straße, R23
Kolhagenstraße, R26-S26
Kolpingplatz, L16

Düsseldorf

Konkordiastraße, K19
Konrad-Adenauer-Platz, M18
Konrad-Hagius-Straße, S26
Konradstraße, P20
Kopernikusstraße, K20-L20
Koppelskamp, L5-L6
Koppersstraße, G18
Kornblumenweg, O19
Korveyer Straße, M13
Krahestraße, N17-N18
Krahkampweg, K21-L22
Krahnenburgstraße, M11
Krefelder Straße, G16-H17
Kreitenstraße, N14-N15
Kreutzerstraße, H15
Kreuzbergstraße, I9-J9
Kreuzburger Weg, P19
Kreuzstraße, L18
Kribbenstraße, H17
Kriegerstraße, L14
Kriegstraße, I12
Krippstraße, P20-Q20
Krönerweg, K13
Krokusweg, O19-P19
Kronacher Weg, Q19
Kronenstraße, L19
Kronprinzenstraße, K19
Kruppstraße, M19-N19
Kühlwetterstraße, M15-N16
Kündgensweg, O20-P20
Künnestraße, R17
Küppersteger Straße, O22
Kürtenstraße, M12-M13
Kuhstraße, I19
Kulmer Straße, R23
Kurfürstenstraße, M17-M18
Kurt-Baurichter-Straße, L16
Kurt-Schumacher-Straße, T26-T27
Kurt-Tucholsky-Straße, U26-U27
Kurze Straße, L17
Kuseler Weg, O21-P21
Kuthsweg, O20-P19
Kyffhäuserstraße, J17

L

Lacombletstraße, M15
Lärchenweg, S23
Lahnweg, K19
Lakronstraße, Q16
Lambert-Backer-Straße, R19
Lambertusstraße, K17-L17
Lampertheimer Weg, N20
Landauer Weg, O20
Landsberger Straße, R22

Düsseldorf

Langenberger Straße, N19-O19
Langenbielauer Weg, Q19
Langenfelder Straße, O22
Langeoogstraße, L12
Langerstraße, N17-N18
Langfuhrstraße, R23-S23
Lanker Straße, J17
Lantzallee, I12
Lassallestraße, R19
Laubachstraße, Q16
Leichlinger Straße, O22
Leierbachweg, P17
Leinenweberweg, R25
Leinpfad, I7-I9
Leipziger Straße, M5
Leitenstorfferstraße, R25
Lemgoer Weg, M13
Lenaustraße, O14-O15
Lenneper Straße, O21
Lennèstraße, M16
Leo-Baeck-Straße, U28
Leo-Statz-Platz, K19
Leo-Statz-Straße, J14
Leopoldstraße, M17
Leostraße, J16-K17
Lerchenstraße, I16
Lessingplatz, M19
Lessingstraße, M18-M19
Leuchtenberger Kirchweg, H11-I10
Leuthenstraße, P19
Leutweinstraße, S26
Leverkuser Straße, O22
Lewitstraße, J16
Lichtenbroicher Weg, M11-M12
Lichtstraße, N17-O17
Liebfrauenstraße, O21-O22
Liebigstraße, M16
Liedberger Weg, H15-H16
Liefergasse, L17
Liegnitzer Straße, P19
Lierenfelder Straße, N19-O19
Liesegangstraße, L17-M17
Liliencronstraße, O12-O13
Lilienstraße, J13
Lilienthalstraße, J13
Limburgstraße, O16-P16
Lindemannstraße, N16-N17
Lindenbecker Weg, V14-W13
Lindenplatz, N17
Lindenstraße, M17-N17
Lingeweide, L6
Linienstraße, M18-M19
Linnicher Straße, I15-J15

Düsseldorf

Lintorfer Straße, P12
Lintorfer Waldstraße, M6-N5
Lippestraße, K19
Lippstadtstraße, R18
Lise-Meitner-Straße, N22-N23
Liststraße, M15
Lobbericher Straße, J15
Lobensteiner Weg, R18
Löbbeckestraße, M15
Lönsstraße, J13
Löricker Straße, H15-H16
Lörracher Straße, R21
Löwenzahnweg, P18
Lohauser Deich, H10-I14
Lohauser Dorfstraße, I12
Lohbachweg, P17-Q17
Lohengrinstraße, I17
Lore-Agnes-Weg, U28
Lorettostraße, K19
Lotharstraße, I15-J16
Lothringer Straße, K13
Lotsenweg, I17
Lotte-Wicke-Weg, Q19
Lotzweg, G13-H12
Louise-Dumont-Straße, M17
Lubarschstraße, M20
Luckemeyerstraße, R14
Ludenberger Straße, O16-P16
Ludgerusstraße, L20
Ludolfstraße, R24
Ludwig-Beck-Straße, N15
Ludwig-Erhard-Allee, M18
Ludwig-Hammers-Platz, L19
Ludwig-Wolker-Straße, M16
Ludwig-Zimmermann-Straße, L17
Ludwigshafener Straße, O20-P20
Ludwigstraße, P21
Lübecker Straße, L13
Lüdenscheider Straße, R18
Lüderitzstraße, S26-T26
Luegallee, J17-K17
Luegplatz, K17
Lüneburger Weg, L13
Lünen'sche Gasse, L8-M8
Lürmannstraße, O17
Lütticher Straße, I15-J17
Lützenkircher Straße, O22
Lützowstraße, L15-L16
Luise-Hensel-Straße, I12
Luisenstraße, L18-M18
Luppstraße, L14
Luzerner Weg, P18

Düsseldorf

M

Maasstraße, I16
Märkische Straße, Q17-R16
Magdeburger Straße, Q17
Maikammer, N24
Malkastenstraße, M17
Malmedyer Straße, F16-F17
Manforter Straße, O22
Mannesmannufer, K18
Mannheimer Weg, O20
Mansfeldstraße, Q16
Manthenstraße, Q17-R17
Marbacher Straße, R24
Marburger Straße, P21
Marconistraße, O23
Margaretenstraße, O16
Margaretenweg, I6
Marie-Juchacz-Straße, N15
Marienburger Straße, R23
Marienstraße, L18-M18
Markenstraße, N19
Markgrafenstraße, J17-K17
Marktplatz, K17
Marktstraße, K17-K18
Marschallstraße, L16
Marschnerstraße, S25
Marthastraße, R14
Martin-Luther-Platz, L18
Martinstraße, K19-K20
Marxsteig, P13
Masbergweg, N14
Mathildenstraße, N15-N16
Matthias-Erzberger-Straße, U27
Matthiaskirchweg, M11
Mauerstraße, L15-L16
Mauerweg, S12
Maurenbrecherstraße, N15
Max-Born-Straße, N22-N23
Max-Brandts-Straße, K20
Max-Clarenbach-Weg, I7-I8
Max-Halbe-Straße, N14-N15
Max-Planck-Straße, N16-O16
Maximilian-Kolbe-Straße, U28
Maximilian-Weyhe-Allee, L17
Maxplatz, K18-L18
Maybachstraße, M15
Mecklenburger Weg, L12
Mecumstraße, L20-M20
Meidericher Straße, M13
Meineckestraße, K14
Meininger Weg, Q18
Meisenheimer Weg, O20-O21
Meisenweg, K12-K13

Düsseldorf

Meißener Straße, R17
Melanchthonstraße, R24
Melaniestraße, L6
Melbecksweg, I7
Melchthalweg, O19
Meliesallee, R24-R25
Memeler Straße, P19
Mendelssohnstraße, M17-N17
Mendelweg, N22
Mercatorstraße, J17
Mercedesstraße, M14-M15
Mergelgasse, N22-O22
Merkurstraße, K20
Merowingerplatz, L21
Merowingerstraße, L19-L21
Merscheider Straße, O21
Mertensgasse, L17
Merziger Straße, L15-M15
Mettlacher Straße, K12
Mettmanner Straße, N17-N18
Metzer Straße, L15
Metzkauser Straße, Q16
Meyerhofstraße, P23-P24
Michaelplatz, K20
Millrather Straße, O21
Mindener Straße, N19
Mintarder Weg, M12
Mintropplatz, M18
Mintropstraße, M18
Mirkerbachweg, P17
Mittelstraße, L18
Möhkersgäßchen, I19-I20
Möhlaustraße, L14
Mönchenwerther Straße, J16-J17
Mörikestraße, I13-J13
Mörsenbroicher Weg, N15-O15
Mohnweg, O19
Mohrunger Straße, R23
Moltkestraße, L16-M16
Monheimstraße, N19
Monschauer Straße, F17
Moorenplatz, M20
Moorenstraße, L21-M20
Moritz-Sommer-Straße, M19-M20
Morper Straße, R18-S17
Morsbachweg, P17
Morsestraße, L19
Moselstraße, K18
Moskauer Straße, M18-N18
Mozartstraße, L17
Mühlenbergweg, R14
Mühlenbroich, O12
Mühlenbroicher Weg, O12-P12

Düsseldorf

Mühlengasse, L17
Mühlenkamp, P20-Q20
Mühlenstraße, K17-L17
Mühlenweg, I9-J8
Mühligweg, K13
Mühltaler Straße, K20
Mülheimer Straße, M16
Müller-Schlösser-Gasse, K17
Münchener Straße, L20-S24
Münchhausenweg, N14-O14
Mündelheimer Weg, M10-M11
Mündrathweg, Q19
Münsterplatz, L15-M15
Münsterstraße, L16-N13
Mulvanystraße, M15
Mutter-Ey-Straße, L17
Mydlinghoven, T15-U16

N

Nach Arenz Stück, K9
Nach den 12 Morgen, J21-K22
Nach den Mauresköthen, Q18-R18
Nachtigallenweg, L6
Nachtigallstraße, R18
Naegelestraße, M20
Nagelsweg, H11-I12
Nassauer Weg, O21
Naumburger Straße, Q19
Neanderstraße, N17
Neckarstraße, J19
Neersener Straße, I16
Neißer Straße, M5
Nelkenweg, O19
Nelly-Sachs-Straße, J14
Neptunstraße, K20
Nernstweg, N22
Neßlerstraße, S25-S26
Nettelbeckstraße, L16
Nettetalstraße, T20
Neubrandenburger Straße, U26
Neubrückstraße, L17
Neuburgstraße, P16
Neuenhofstraße, N13
Neuenkampstraße, S22
Neuer Zollhof, J19-K18
Neumannstraße, O17
Neunzigstraße, R16
Neusalzer Weg, Q19
Neusser Straße, K18-K19
Neusser Tor, R16
Neusser Weg, H13-I11
Neustädter Weg, O20
Neustraße, L17
Neustrelitzer Straße, T26

Düsseldorf

Neuwerker Straße, H16-I16
Nevigesstraße, Q16
Neyeweg, P17
Nibelungenstraße, I17
Niederbeckstraße, M11
Niederdonker Straße, H15
Niederheider Straße, P24-Q23
Niederkasseler Deich, H15-J16
Niederkasseler Kirchweg, I16-J16
Niederkasseler Lohweg, H16-I16
Niederkasseler Straße, J16
Niederrheinstraße, I9-J13
Niederstraße, K19
Nienburger Straße, L13
Niersstraße, I16
Niersteiner Weg, O20
Nievenheimer Straße, K21
Nikolaus-Knopp-Platz, H17
Nikolausstraße, N24
Nixenstraße, O21
Nöggerathweg, N21
Nördlicher Zubringer, M12-M14
Nördlinger Straße, R24
Norbert-Schmidt-Straße, R17
Nordhausener Straße, V27-V28
Nordparksiedlung, J14
Nordstraße, L16
Norfer Straße, K20-K21
Nosenberger Straße, M11
Nosthoffenstraße, O23-P22
Novalisstraße, I13
Nürnberger Straße, Q23-R24
Nymphenburgstraße, Q17-R17

O

Oberacker, I6
Oberbilker Allee, L19-N19
Oberbilker Markt, N18-N19
Oberdorfstraße, J9
Oberhausener Straße, O12
Oberheider Straße, Q22-R22
Oberkasseler Brücke, K17
Oberkasseler Straße, J16-J17
Oberlinstraße, P17-Q18
Oberlöricker Straße, H15-I15
Oberrather Straße, O13
Obersteiner Weg, O20
Odenthaler Weg, P22
Oderstraße, P19
Oechelhäuserstraße, O17
Oedenallee, K17-L17
Ölbachweg, P17
Oelser Straße, P19-P20
Oerschbachstraße, P22-Q22

Düsseldorf

Oertelstraße, M20
Offenbacher Weg, N20-O20
Oleanderweg, T20-U20
Ohlauer Weg, Q19
Ohligser Straße, O21
Ohmweg, N22
Oldenburger Straße, L13
Opern-Passage, L17
Opfergasse, I19
Opitzstraße, M13-M14
Opladener Straße, O22-P22
Oppelner Weg, P18-Q18
Oppenheimer Weg, O20
Orangeriestraße, K18
Oranienburger Straße, R22
Orsoyer Straße, K15
Ortweg, R27
Ostendorfstraße, N15
Osterather Straße, I15-J15
Osterfelder Straße, M13-N13
Osteroder Straße, U27
Oststraße, L18-M18
Ostwaldstraße, O23
Oswald-Spengler-Straße, K14
Otto-Beche-Straße, R19
Otto-Braun-Straße, U27
Otto-Götzen-Weg, O15
Otto-Hahn-Straße, N22-N23
Otto-Pankok-Straße, Q19-Q20
Otto-Petersen-Straße, O16
Otto-zur-Linde-Straße, I12
Ottostraße, R17
Ottweilerstraße, L15
Owensstraße, R18

P

Pabsthofweg, V13-W13
Paderborner Straße, L13
Pahlshof, P12
Pallenbergstraße, I11
Palmenstraße, K19
Pannebäckerstraße, R26
Pannschoppen, L7
Pappelweg, L6-L7
Pariser Straße, H17-I17
Parkstraße, L16
Parlarmentsufer, J18-K18
Parsevalstraße, L11-L12
Pascalstraße, N22-N23
Pastor-Busch-Weg, I16
Pastor-Drauschke-Weg, M12
Pastor-Finke-Weg, Q18-Q19
Pastor-Jääsch-Weg, K18
Pastor-Klinkhammer-Platz, F17-G17

Düsseldorf

Pastor-Zentis-Weg, J16
Pastoratsweg, I7
Pattscheider Straße, O21-O22
Paul-Bonatz-Straße, T26
Paul-Klee-Platz, L17
Paul-Klee-Weg, I10
Paul-Löbe-Straße, T28-U28
Paul-Pieper-Straße, Q16
Paul-Thomas-Straße, Q23-Q24
Paul-von-Hase-Straße, J14-J15
Paulinenstraße, R18
Paulistraße, S24-S25
Paulsmühlenstraße, S24-T24
Paulusplatz, N16
Paulusstraße, N16
Peckhausweg, R16
Peenemünder Straße, T26
Pelmanstraße, R14
Pempelforter Straße, M17
Perleberger Weg, T25
Pestalozzistraße, H17-H18
Peter-Adolphs-Straße, S26
Peter-Behrens-Straße, S26-T27
Peter-Berten-Straße, R19
Peter-Janssen-Straße, N16
Peter-Krahe-Straße, R23
Peter-Richarz-Straße, Q21-R21
Peter-Roos-Straße, J16
Petersenstraße, J14-J15
Petersstraße, S26-T26
Pfaffenmühlenweg, I9-J8
Pfalzstraße, L16
Pfeffergäßchen, R16
Pfeifferstraße, P16-Q16
Pfeillstraße, P23
Pfitznerstraße, S25-S26
Pflugstraße, N14
Philipp-Reis-Straße, L19
Philipp-Scheidemann-Straße, U28
Pigageallee, R24-R25
Pilgerweg, R17-R18
Pillebachweg, P17
Pinienstraße, N18
Pionierstraße, L18-L19
Pirmasenser Weg, O20
Pirolstraße, R20
Planetenstraße, K20
Platanenstraße, N17
Platz der Deutschen Einheit, L18
Platz des Landtags, K18
Plauener Straße, Q19
Plektrudisstraße, I10
Plesser Straße, Q19

Düsseldorf

Plochinger Straße, S26
Plockstraße, J19
Plüschowstraße, J13
Pöhlenweg, P16
Porschestraße, O17
Portastraße, R18
Posener Straße, P18-P19
Poßbergweg, R14
Postenweg, I6
Poststraße, K18
Potsdamer Straße, R22
Prenzlauer Straße, T26
Prinz-Georg-Straße, L16-M17
Prinzenallee, I16
Professor-Dessauer-Weg, L21
Professor-Oehler-Straße, Q24
Provinzialplatz, N21
Q
Quadenhofstraße, R16-R18
Quadestraße, P22-P23
Querstraße, M19
Quirinstraße, J16-J17
R
Räuscherweg, J20-K21
Rahmer Kirchweg, K6-K7
Rahmer Straße, M4-M5
Rampenstraße, R18
Rankestraße, K14
Rapunzelweg, P17
Rathausufer, K17-K18
Rathelbeckstraße, S19-S20
Rathenower Straße, R22
Rather Broich, N13-O14
Rather Kirchplatz, O13
Rather Kreuzweg, M13-N13
Rather Markt, O13
Rather Steig, O13-P13
Rather Straße, L14-M15
Ratiborweg, P19
Ratinger Landstraße, U12-W12
Ratinger Mauer, L17
Ratinger Straße, L17
Ratinger Tor, L17
Ratinger Weg, Q14-Q15
Rautendeleinweg, P17
Recklinghauser Straße, N13
Redinghovenstraße, M20
Redlichstraße, M15
Reeser Platz, J15-K14
Reeser Straße, J15-K14
Regenbergastraße, Q16
Regerstraße, S25
Rehstraße, O13

Düsseldorf

Reichenbacher Weg, Q18-Q19
Reichsgasse, L19
Reichsstraße, K18-L19
Reichswaldallee, O13-P12
Reiherweg, K13
Reinerstraße, S26
Reinheimer Weg, N19-N20
Reinhold-Schneider-Straße, U27
Reisholzer Bahnstraße, Q22-R23
Reisholzer Straße, O19-P20
Reisholzer Werftstraße, P24
Rembrandtstraße, N16
Remscheider Straße, L19-M19
Rendsburger Weg, L13
Rene-Schickele-Straße, T27-U27
Rennbahnstraße, P14-P16
Resedastraße, R19
Rethelstraße, M17-N16
Reusrather Straße, O22
Reuterkaserne, K17-L17
Reutlinger Straße, S26
Rheinallee, H17-J17
Rheinbabenstraße, L15
Rheinberger Straße, K15
Rheinbrohler Weg, I10-I9
Rheinbrücke D'dorf Neuss, H20-I21
Rheindorfer Weg, N21-O21
Rheinkniebrücke, K18
Rheinlandstraße, K13-L13
Rheinort, K18
Rheinstahlstraße, S24
Rheinstraße, K18
Rheinuferweg, H5-I7
Rheinweg, I7
Rheinwerft, K18
Ricarda-Huch-Straße, T27
Richard-Strauss-Platz, S25
Richardstraße, P19-P20
Richrather Straße, O21
Rigastraße, R18
Rilkestraße, I13
Ringelsweide, M19
Ringstraße, S13-T13
Ritastraße, P23
Rittersbergstraße, S26
Ritterstraße, K17-L17
Robert-Bernadis-Straße, J14
Robert-Hansen-Straße, R25
Robert-Kratz-Weg, S25-S26
Robert-Lehr-Ufer, K15-K16
Robert-Luther-Straße, K20
Robert-Mayer-Weg, N22
Robert-Reinick-Straße, I13

Düsseldorf

Robert-Stolz-Straße, N15
Robertstraße, P20
Robinsonweg, O14
Rochusmarkt, M16-M17
Rochusstraße, L16-M17
Rodelbahn, O15-P15
Rodendeich, L7-L8
Roderbirkener Straße, O21-O22
Röhrenstraße, N13
Römerstraße, L15
Röntgenweg, N22-O22
Röttgerstraße, I12
Rolander Weg, O15-P14
Rolandssteig, O14-P14
Rolandstraße, L15
Rolf-Bongs-Straße, H15
Ronsdorfer Straße, N19-O18
Roseggerstraße, N14
Rosellener Weg, H15-H16
Rosengasse, L17
Rosenstraße, L17
Rosenthalstraße, R17
Rosenweg, L6
Rosmarinstraße, O17-O18
Roßbachstraße, P19
Roßpfad, H5-H6
Roßstraße, K15-L16
Rostocker Straße, T26
Rotdornstraße, N13-O13
Rotdornweg, S23
Rotfuchsweg, H5
Rothenbergstraße, R19-V21
Rotkäppchenweg, P17
Rotkehlchenweg, K13
Rotterdamer Straße, I14-K15
Rottgärten, L5
Rotthäuser Weg, S14-S17
Rubensstraße, N16
Rudolf-Breitscheid-Straße, U28
Rudolfstraße, G17-H17
Rübezahlweg, P17
Rückertstraße, N14
Rüdigerstraße, O13
Rügenstraße, L11
Rüsselsheimer Weg, O20
Rütgerstraße, P20
Ruhrtalstraße, N18
Rybniker Straße, Q19

S

Saalfelder Weg, R18
Saarbrücker Straße, L15
Saargemünder Straße, K12
Saarwerdenstraße, I16

Düsseldorf

Saddelerstraße, R26
Säckinger Straße, N13-N14
Saganer Weg, Q19
Salierplatz, J17-K17
Salierstraße, J17-K17
San-Remo-Straße, K17
Sandsteig, O14-P14
Sandstraße, T20
Sandträgerweg, Q19
Sandweg, J13-K13
Sankt-Franziskus-Straße, N15-O13
Sankt-Göres-Straße, I9
Sauerweg, S14-T15
Schadowplatz, L17
Schadowstraße, L17-M17
Schäferstraße, L16-L17
Schäpershof, S15
Schaffenhausener Weg, P18
Schalbruch, T23-V22
Schanzenstraße, I16-J17
Scharnhorststraße, L16
Scheerenburger Straße, R18
Scheffelstraße, M13-N14
Scheibenstraße, L16-L17
Scheideweg, N22-O22
Scheidlingsmühlenweg, N21-O21
Scheidtstraße, M16-N16
Schellbergweg, R14
Schellscheidtweg, U12-W11
Scheurenstraße, M18-M19
Schiefbahnweg, H15-H16
Schiessstraße, H16-H17
Schießstandweg, O14-P14
Schillerplatz, M16-N16
Schillerstraße, M17-N16
Schillstraße, S23
Schimmelbuschstraße, L14
Schimmelpfennigstraße, T24-T25
Schinkelstraße, M16-M17
Schirmerstraße, M17
Schlägelstraße, M18
Schlebuscher Straße, O21-O22
Schlehenweg, J13-K12
Schleidener Straße, F17-G17
Schleifergasse, I9
Schleizer Weg, Q18-R18
Schlesische Straße, P19
Schlieffenstraße, N14
Schloßallee, Q20-Q21
Schloßmannstraße, M20
Schloßparkstraße, R24
Schloßstraße, M16
Schloßufer, K17

Düsseldorf

Schlüterstraße, O16-O17
Schmiedestraße, N19
Schmitterweg, M5
Schnaasestraße, I12
Schneewittchenweg, P17
Schneidemühler Straße, R22
Schneider-Wibbel-Gasse, L17-L18
Schöllerstraße, Q15-R15
Schönaustraße, Q16-R16
Schöndorffstraße, O20-P20
Schöne Aussicht, Q24
Schopenhauerstraße, N13-N14
Schorlemerstraße, J16-J17
Schreberweg, P17-Q18
Schreiberhauer Weg, Q19
Schubertstraße, O16
Schuchardstraße, T26
Schüßlerstraße, J13-J14
Schützenstraße, M17
Schulstraße, K18
Schulweg, I6-I7
Schumannstraße, M17-N16
Schwabstraße, O17
Schwalbenweg, K13
Schwalmstraße, I16
Schwanenmarkt, L18
Schwannstraße, K15-L15
Schwarzbachstraße, Q16-R16
Schwarzer Weg, T25
Schweidnitzer Straße, P19
Schweitzerstraße, R19
Schwelmer Straße, O17
Schwerinstraße, L15-L16
Schwerter Straße, M12-M13
Schwietzkestraße, N14
Sebastian-Schäffer-Straße, R19
Sebastiansweg, O19
Sedanstraße, K19
Seeheimer Weg, N19-O20
Seesener Straße, U27
Seeweg, T20
Segeberger Weg, L13
Seidenweg, R25-R26
Selbecker Straße, O14
Selikumstraße, G17
Senefelderweg, N22
Senftenberger Weg, Q18
Sengbachweg, P17
Sengelsweg, L6
Sentaweg, J13
Sermer Weg, M11-N11
Serpentine, O15-P15
Seydlitzstraße, L16

Düsseldorf

Sichelstraße, Q17-R17
Siebenbürgenweg, P22
Siedlerweg, P17-P18
Siegburger Straße, N19-N20
Siegfried-Klein-Straße, L18
Siegfriedstraße, I17-J17
Siegplatz, J19-K19
Siegstraße, K19
Siemensstraße, M19
Sigmaringenstraße, J16-J17
Silcherstraße, S25
Simon-Gatzweiler-Platz, H17-I17
Simrockstraße, O15-O16
Sistenichstraße, S24
Sittarder Straße, L16
Sodener Weg, P20
Sodenstraße, S26
Sohnstraße, N16-O16
Solenanderstraße, M20
Solfstraße, S26
Solinger Straße, N19
Soltauer Weg, L13
Sommersstraße, M15
Sonderburgstraße, J17
Sonnbornstraße, Q16
Sonnenacker, H6-I6
Sonnenstraße, M19-N19
Sonsbecker Straße, J15
Sophienstraße, R24-R25
Sorpeweg, P17
Spandauer Straße, R21-R22
Spangerstraße, R22-R23
Spatenstraße, N14
Speckmannweg, J13
Speditionstraße, J18-J19
Speestraße, Q16-R16
Speldorfer Straße, M16
Sperberstraße, R19
Sperlingsweg, K12-K13
Speyerweg, O20-O21
Spichernplatz, L15
Spichernstraße, L15-M15
Spiekeroogstraße, L12
Spielberger Weg, I11-I12
Spohrstraße, S25
Sportstraße, I16
Sprockhöveler Straße, O21
Sprottauer Weg, Q19
Stadionweg, I12-I13
Stadtbrückchen, L18
Stadttor, K19
Ständehausstraße, L18
Stahlstraße, M18

Düsseldorf

Stahlwerkstraße, M18
Stapelbachweg, P17
Starenweg, K12-K13
Stargarder Straße, S22-S23
Staufenplatz, O16-P16
Stauffacherweg, O19
Steffaniweg, S26-T26
Steffenstraße, J17
Steinhauerstraße, S24
Steinkaul, N24
Steinkribbenstraße, Q24-R24
Steinstraße, L18
Steinweg, R16
Steinwerth, L5
Stendaler Straße, R22
Stephan-Lochner-Straße, K6-K7
Stephanienstraße, M17-M18
Stephanstraße, Q23
Sterngasse, L17
Sternstraße, L16-L17
Sterntalerweg, P17
Sternwartstraße, K20
Stettiner Straße, T26-U26
Steubenstraße, Q23-R23
Stieglitzstraße, M14-N14
Stiftsgasse, I9
Stiftsplatz, K17
Stippelburggasse, I20
Stockgartenfeld, Q18-R19
Stockhausgasse, I9
Stockkampstraße, L16-M16
Stockumer Höfe, H13-J13
Stockumer Kirchstraße, I14-J14
Stoffeler Broich, N21
Stoffeler Damm, L21
Stoffeler Kapellenweg, M21-N20
Stoffeler Straße, N19
Stolberger Straße, G17-H17
Stralsunder Straße, T25-T26
Straßburger Straße, L15 M15
Stratenweg, S13-T13
Stratumer Straße, H15
Stresemannplatz, M18
Stresemannstraße, L18-M18
Striegauer Weg, Q19
Stromstraße, K18-K19
Strümpellstraße, M20
Struwwelpeterplatz, P17
Stückerstraße, M16
Stümpeweg, R27-S26
Stürzelberger Straße, H16-I16
Stumpfkreuzweg, J20
Sturmstraße, O20-P21

Düsseldorf

Sudetenstraße, P19
Südallee, S25-S26
Südlicher Zubringer, O21-U21
Südring, I21-L20
Südstraße, K18-L18
Süllenstraße, R23-S24
Suitbertus-Stiftsplatz, I9
Suitbertusplatz, L20
Suitbertusstraße, K20-L20
Sulzbachstraße, P16
Sybelstraße, N15
Syltstraße, L12
Synagogenweg, R16

T
Talstraße, L18-L19
Talweg, J8
Tannenhofweg, Q18-Q19
Tannenstraße, L15
Tannhäuserstraße, I17
Taubenbergstraße, R17
Taubenstraße, L17
Teichstraße, S24
Telemannstraße, S25
Telleringstraße, S24-S25
Teplitzer Straße, P19
Tersteegenstraße, K14-K15
Teutoburgstraße, R18
Teutonenstraße, K17
Tevernstraße, O13
Theodor-Andresen-Straße, J14-J15
Theodor-Heuss-Brücke, J16-K15
Theodor-Körner-Straße, L17
Theodor-Litt-Straße, T26
Theodor-Mommsen-Straße, K14
Theodor-Storm-Straße, J13
Theodorstraße, M12-O13
Thewissenweg, K14-L13
Thomas-Dehler-Straße, U26
Thomas-Mann-Straße, N14-N15
Thomasstraße, K18
Thorner Straße, R23
Thuner Weg, P18
Tichauer Weg, P18
Tiefenbroicher Weg, M10-M11
Tiergartenstraße, N16
Tilde-Klose-Weg, L11
Tilsiter Straße, M5
Tiroler Weg, P21-P22
Tönisheider Straße, O21
Tönisstraße, R22-S23
Tönnesaaper Weg, P14-Q14
Töpferstraße, S26
Tonhallen-Ufer, K16-K17

Düsseldorf

Tonhallenstraße, M17
Torfbruchstraße, P16-R18
Torgauer Straße, P19
Trebnitzer Straße, P20
Trillser Straße, O21
Trinkausstraße, L18
Trojanstraße, J13
Trompeterstraße, M13
Trotzhofweg, P14-P16
Truchseßstraße, Q16
Tübinger Straße, R26
Tulpenweg, O19-P19
Tußmannstraße, M16
U
Ubierstraße, L21
Überanger, L7
Uedesheimer Straße, K20-K21
Uelfeweg, P17
Uelzener Weg, L13
Uerdinger Straße, K14-K15
Uferstraße, P24-Q24
Uhlandstraße, M16-N17
Uhlenweg, J13-K13
Ulanenstraße, L14
Ulenbergstraße, K21-L20
Ulmenstraße, L13-L15
Undinenstraße, O21
Ungelsheimer Weg, M10-M11
Universitätsstraße, N21-N22
Unter den Eichen, Q16-R17
Unter den Erlen, L6
Unteracker, I6
Unterbacher Straße, O19
Unterdorfstraße, J8-J9
Unterrather Straße, L12-M12
Urdenbacher Acker, S26
Urdenbacher Allee, R26-S25
Urdenbacher Dorfstraße, R26
Ursula-Trabalski-Straße, Q16
Ursulinengasse, K17-L17
Usedomstraße, L12-M12
V
Vagedesstraße, L17-M17
Van-der-Werff-Straße, N19
Van-Douven-Straße, M19
Varnhagenstraße, L20
Vautierstraße, N16-O16
Veehstraße, P20
Veilchenweg, O19
Velberter Straße, M18-N18
Venloer Straße, L16
Vennhausen, S19
Vennhauser Allee, Q20-R19

Düsseldorf

Vennhauser Straße, N17-O17
Vennstraße, S20-U20
Vereinsstraße, R17
Verloher Kirchweg, J3-J5
Verschaffeltstraße, R26
Verweyenstraße, I9-J9
Victoriaplatz, K16-L16
Viehfahrtsweg, I21-K22
Viehgasser Weg, J6-J7
Viehstraße, K8-L8
Viernheimer Weg, O20
Viersener Straße, H16-I16
Vikarieweg, I7
Vinckestraße, N15
Virchowstraße, M20
Vlattenstraße, L19
Völklinger Straße, J20-K18
Vogelsanger Weg, M13-N14
Vogelskothen, W12
Vogesenstraße, F17
Vohwinkelallee, Q20
Volkardeyer Weg, M11-N11
Volksgartenstraße, M19
Volmarweg, K22
Volmerswerther Deich, I21-K22
Volmerswerther Straße, K19-K22
Volmeweg, P17
Voltaweg, N22
Von-Gahlen-Straße, Q16-Q17
Von-Krüger-Straße, Q20-Q21
Vossen Links, J17
Vulkanstraße, M18-M19
W
Waagenstraße, O20
Wacholderstraße, L6-L7
Wacholderweg, J13
Wäschlacker Weg, P19
Wagnerstraße, L17
Wahlerstraße, O13
Walbecker Straße, J15-J16
Walburgisstraße, I9-J9
Waldecker Platz, O21-P21
Waldenburger Weg, Q19
Waldlehne, L6-L7
Waldnieler Straße, G17
Waldshuter Straße, R21
Waldstraße, O13
Walkürenstraße, J17
Wallstraße, L18
Walsroder Weg, L13
Walter-Kyllmann-Straße, S26
Walther-Hensel-Straße, I16
Walther-Rathenau-Straße, P23-P24

Düsseldorf

Walzwerkstraße, Q23
Wambachweg, P17
Wandershofer Weg, P15
Wangeroogestraße, L12-L13
Wanheimer Straße, M11-N11
Warendorfer Straße, L13
Warschauer Straße, N18
Wasserstraße, K18-L18
Wasserwerksweg, H6-I4
Wattenscheider Straße, N13
Weberstraße, L19
Weezer Straße, J15-J16
Weg nach den Hingbenden, I9-J10
Wegberger Straße, J16
Weichselstraße, P19
Weidenweg, J14
Weiherstraße, K19
Weilburger Weg, P20-P21
Weimarer Weg, Q18
Weinheimer Straße, P20
Weißdornstraße, J13-J14
Weißenburgstraße, L15-M15
Weitmarer Platz, N13
Weitmarer Straße, N13
Weizenmühlenstraße, I19-J18
Wendersstraße, P12
Wenkerstraße, O15
Werdener Straße, N18
Werftstraße, G17-H17
Wernigeroder Straße, V27-V28
Werstener Dorfstraße, O21-P21
Werstener Feld, O22-P21
Werstener Friedhofstraße, O22-P22
Werstener Straße, M21-N21
Wertheimer Straße, R23
Weseler Straße, M16-N16
Wesermünder Straße, I18-I19
Westfalenstraße, N13-O13
Weststraße, R24-S24
Wetterstraße, N17
Wettiner Straße, J16-J17
Wetzelgasse, H17
Wetzlarer Weg, O21-P20
Wevelinghover Straße, H15-I15
Weyhepassage, L17
Wickenweg, O19
Wickrather Straße, H15-H16
Wiebachweg, P17
Wiedfeld, O24-O25
Wielandstraße, M17
Wiesbadener Straße, M21
Wiesdorfer Straße, O21-O22
Wiesenstraße, G17-G18

Düsseldorf

Wildenbruchstraße, J17-K17
Wildentenweg, K13
Wilhelm-Bötzkes-Straße, K15
Wilhelm-Busch-Straße, J14
Wilhelm-Heinrich-Weg, P19
Wilhelm-Kaisen-Straße, U28
Wilhelm-Kienzl-Straße, S25
Wilhelm-Kreis-Straße, T26
Wilhelm-Raabe-Straße, N14-O15
Wilhelm-Rüther-Straße, S23-S24
Wilhelm-Schmidtbonn-Straße, U27
Wilhelm-Suter-Pfad, P12-P13
Wilhelm-Tell-Straße, K19
Wilhelm-Unger-Straße, O13-O14
Wilkesfurther Straße, Q21
Willi-Becker-Allee, M18
Willicher Straße, H15
Willstätterstraße, G16-H16
Wilseder Weg, L13
Wimpfener Straße, R24
Windmühlenstraße, H16-H17
Windscheidstraße, M15-N15
Winkelsfelder Straße, L16
Winkelskothen, T13
Wipperfürther Straße, O21
Wirmerstraße, J14
Wissmannstraße, K19
Wittelsbachstraße, O16-P16
Wittenberger Weg, T25
Wittenbruchplatz, T20
Wittenbruchstraße, T20-U20
Wittener Straße, O13
Wittgatt, H6-J5
Wittlaerer Kamp, I7
Wittlaerer Kirchweg, I6
Wittlaerer Weg, M11
Witzelstraße, L20-M21
Witzheldener Straße, O22-P22
Wodanstraße, J17
Woermannstraße, S26
Wörthstraße, L15
Wolfgang-Borchert-Straße, T28-U28
Wolfgang-Döring-Straße, T27
Wolfsaaper Steig, P12-P13
Wolfsschlucht, P15-P16
Wormser Weg, O20
Worpsweder Weg, L13
Worringer Platz, M18
Worringer Straße, M17-M18
Wrangelstraße, N14
Wülfrather Straße, N17
Würzburger Straße, Q23
Wulfertzberg, S14
Wupperstraße, J19-K19

Düsseldorf

X
Xantener Straße, K15
Y
Yorckstraße, M15
Z
Zaberner Straße, K12-L12
Zamenhofweg, P18-Q18
Zaunkönigweg, M13-M14
Zedernweg, T19
Zeisigweg, K12-K13
Zeitzer Weg, Q19
Zeppelinstraße, P20
Zeppenheimer Dorfstraße, J10-J9
Zeppenheimer Straße, J9-K9
Zeppenheimer Viehstraße, K10
Zeppenheimer Weg, I9-J9
Ziegeleiweg, N21
Ziegelstraße, L13
Zietenstraße, L15-L16
Zimmerstraße, L19
Zollhof, J19
Zollstraße, K17
Zonser Straße, K20-K21
Zoppoter Straße, R23-S23
Zu den Eichen, J13
Zülpicher Straße, F17
Züricher Weg, P18
Zum Hexenkotten, S19
Zum Höltgen, T16
Zum Hohen Bröhl, J9-K9
Zum Märchenland, P17
Zum Veilchental, J8
Zum Winnenberg, T13
Zur Bockumer Linde, H5-H6
Zur Lindung, L6-M7
Zur Schwarzbachmündung, I7
Zweibrückenstraße, P16-P17
Zwickauer Straße, Q19

Erkrath

A
Adalbert-Stifter-Straße, V20
Adlerstraße, U19
Adolf-Menzel-Straße, U17
Albert-Einstein-Straße, U20
Albrecht-Dürer-Straße, U17
Alte Hildener Straße, W21-X20
Am Bahneberg, U18
Am Baviersacker, U18
Am Brockerberg, T17-U18
Am Düsselufer, T18-U18
Am Eselsbach, V21
Am Gatherfeld, U20

Erkrath

Am Häuschenberg, U16-U17
Am Hasenbusch, U18-U19
Am Kaiserhof, U18
Am Kleff, X19
Am Korresberg, U18-U19
Am Lohbusch, V20
Am Maiblümchen, V20-W20
Am Mergelsberg, U18
Am Ort, U18
Am Rosenbaum, V20-V21
Am Rosenberg, U17
Am Schimmelskämpchen, X19
Am Thieleshof, V21-W20
Am Tönisberg, U21
Am Trappenberg, X19
Am Weinbusch, W18
Am Wildpark, X18
Am Wimmersberg, U18
Amselweg, V19
An den Höfen, X19
An der Brandshütte, W20-X20
An der Ochsenkühle, W19
Ankerweg, V19-W19
Anne-Frank-Straße, X19
Asternweg, W20-X20
Auf dem Hochfeld, V18
Auf den Sängen, W20
Auf der Lohe, V20
B
Bachstraße, U17
Bahnstraße, U18
Bavierstraße, U18
Beckhauser Straße, X19-X20
Beckhauser Weg, X19
Beethovenstraße, U17-V17
Bergische Allee, W18-X20
Bessemerstraße, W18
Birken, W20-W21
Bismarckstraße, U17-U18
Blumenstraße, W20
Böllenschmied, X19-X20
Bongardstraße, U18
Bruchhausen, V20
Bruchhauser Straße, W18-X19
C
Carl-von-Ossietzky-Straße, X19
Carl-Zuckmayer-Straße, V20
Cleefer Weg, W19
Concordiastraße, T18
Curtiusstraße, X19
D
Dahlienweg, W20
Dechenstraße, X19

Erkrath

Dörpfeldstraße, X19
Dorp, U17
Dorper Weg, U17-W14
Düsseldorfer Straße, S17-T17
Düsselstraße, U17-U18
E
Edith-Stein-Weg, X19
Eduard-Daelen-Straße, W19-X19
Eintrachtstraße, W18
Eisenstraße, W18
Elsa-Brändström-Weg, X19
Emanuel-Geibel-Straße, V20
Erich-Kästner-Straße, V20
Erikaweg, X20
Erkrather Straße, U19-U20
Ernst-Barlach-Straße, U17
Ernst-Moritz-Arndt-Straße, V20
F
Falkenberg, X19
Falkenberger Weg, X18
Falkenstraße, U18-V19
Fasanenstraße, U18-V19
Feldhausweg, V20
Feldheider Straße, W20
Feldhof, W18-X17
Ferdinand-Freiligrath-Straße, V20
Finkenweg, U18
Fliederweg, W19-W20
Franziskusweg, X19
Freiheitstraße, T18-U18
Friedenstraße, T18
Friedrich-Hebbel-Straße, V20
Friedrich-Rückert-Straße, V20
Friedrichstraße, U17
Fritz-Reuter-Straße, V20
Fröbelstraße, X19
Fuhlrottstraße, X19
G
Galgenweg, U19
Gans, U17-V17
Gartenstraße, U18
Gebrüder-Grimm-Weg, X20
Georg-Büchner-Straße, V20
Gerberstraße, U18
Gerhart-Hauptmann-Straße, V20
Gerresheimer Landstraße, S20-U21
Gink, T17-U17
Gladiolenweg, W20-X20
Göddinghover Weg, R18-T17
Goldweg, W18
Gottfried-August-Bürger-Straße, V20
Gottfried-Keller-Straße, V20
Grabenstraße, T18

Erkrath

Gretenberger Straße, X20
Grillparzerstraße, V18
Grünstraße, X19-X20
Gustav-Freytag-Straße, V20
Gut Falkenberg, X19
Gutenbergweg, W20
H
Hans-Henny-Jahnn-Straße, V20
Hans-Holbein-Straße, U17
Hauptstraße, X18
Heiderweg, U17
Heinrich-Heine-Straße, X20
Heinrich-Hertz-Straße, U20-V21
Heinrich-von-Kleist-Straße, V20
Heinrichstraße, U17
Helena-Rubinstein-Straße, U18
Henschesgäßchen, T17-T18
Herderstraße, V18
Hermann-Hesse-Straße, X20
Hildener Straße, W18-X18
Hochdahler Markt, X19
Hochdahler Straße, U18-W18
Hochscheuer Weg, W18
Hölderlinstraße, U18-V18
Hubbelrather Weg, T16-T17
Hüttenstraße, W18
Humboldtstraße, T18
I
Im Sonnenschein, X20
Im Wingert, X19
Immermannstraße, X20
Irisweg, W20
J
Johannesberger Straße, W20
K
Kalkumer Feld, V18-V19
Kampsweg, V20
Karl-Klockenhoff-Weg, X19
Karl-Simrock-Straße, V20
Karlstraße, U17
Karschhauser Straße, X19
Kempener Straße, W20-X20
Kempenweg, W20
Kemperdick, X20
Kirchberg, X19
Kirchstraße, U18-V18
Kirchweg, X19
Kleverfeld, W18
Klinkerweg, X18
Klopstockstraße, U18
Klosterweg, X19
Kreuzstraße, U18-U19
Kupferweg, W18
Kurze Straße, X19

Erkrath

L
Lenaustraße, V18
Lilienstraße, W20
Lohbruchweg, U21-V21
Ludenberger Straße, T18
Lukas-Cranach-Straße, U17
M
Marktplatz, U18
Matthias-Claudius-Straße, V20-W20
Matthias-Grünewald-Straße, U17
Max-Liebermann-Straße, U17
Max-Planck-Straße, U21-X20
Maximilian-Weyhe-Straße, T17
Meisenweg, U18
Mettmanner Straße, V17-W17
Metzkausener Straße, V17-W16
Millrather Weg, U20-V21
Morper Allee, T17-U18
Mozartstraße, U17
Mühlenstraße, T18
N
Narzissenstraße, W19-W20
Neanderhöhe, W18
Neanderstraße, U17-U18
Neandertal, X17
Neanderweg, W18
Nelkenweg, W19
Neubuschenhofen, T16-T17
Neuenhausplatz, U20
Neuenhausstraße, U20
Niermannsweg, U20-V20
Nordstraße, U17
O
Oberer Hang, W19
Otto-Hahn-Straße, V20-V21
Ottostraße, U17
P
Parkstraße, T17
Pestalozzistraße, T17
Peter-Rosegger-Straße, V20
Professor-Sudhoff-Straße, W18
R
Rainer-Maria-Rilke-Straße, V20
Rathelbecker Weg, U18-U19
Richard-Dehmel-Straße, V20
Römerweg, U19-V18
Röntgenstraße, W18
Rolandstraße, U17
Rosenstraße, W20
S
Sandheider Straße, X20
Schimmelbuschstraße, X18
Schinkelstraße, U18

Erkrath

Schlackdamm, W18
Schlickumer Weg, W19-X19
Schliemannstraße, X19
Schlieperweg, X18
Schlüterstraße, U18
Schubertstraße, U18-V18
Schulgasse, X19
Sedentaler Straße, X19
Silberweg, W18
Sperberweg, V19
Stahlstraße, W18
Steinhof, T18-U18
Stindertalweg, U17-V16
Strücker Weg, W19-W20
T
Taubenstraße, V19
Thekhaus, X18
Thekhauser Quall, X17-X18
Theodor-Fontane-Straße, V20
Theodor-Körner-Straße, V20
Theodor-Storm-Straße, V20
Thomas-Mann-Straße, X20
Trills, X19-X20
Trillser Graben, X19
Trillser Siepen, X19
Tulpenweg, W19-W20
U
Überhaan, V21
Unterbacher Straße, W19-W20
V
Veilchenweg, W20
W
Wagnerstraße, U18
Wahnenmühle, X20
Waldfrieden, V20-W20
Waldstraße, V18
Wielandstraße, U18-V18
Wiesenstraße, X19
Wilhelm-Raabe-Straße, V20
Wilhelmstraße, U17
Z
Ziegeleiweg, X18
Zum Nordbahnhof, U17

Essen

A
Akademiestraße, W1-W2
Am Bilstein, X2
Am Bögelsknappen, V2-W1
Am Hausberg, W3
Am Hofacker, W2
Am Kattenturm, X1-X2
Am Möhlenkamp, V1-V2

Essen

Am Mühlengraben, W2
Am Muhrenberg, W1
Am Stadtbad, W1
Am Stadtwald, W1-X2
Am Stammensberg, V3-W3
Am Wetzelsberg, V1
Am Wildbach, W3
An der Nittlau, X1-X2
An der Seilerei, X2
Arndtstraße, V2
Auer Höhe, X1
Auf der Forst, W2-X2
Auf der Rötsch, W3
August-Thyssen-Straße, T1-V3
B
Bachstraße, W2
Bauerschaft, W2
Beetstraße, W2
Berchemer Weg, X1
Bergstraße, W1-W2
Biesgenweg, W1-X1
Brederbachstraße, W1-W2
Brederscheid, W1-W2
Bürgermeister-Fiedler-Platz, W2
C
Corneliusstraße, W1-W2
D
Droste-Hülshoff-Weg, X1
E
Eichendorfstraße, W1-W2
Emil-Kemper-Straße, W2-X2
Endepoet, W2
Erftstraße, W1
F
Felkestraße, X2
Ferdinand-Weerth-Straße, W1-W2
Freihofstraße, W3
Freiligrathplatz, W2
Freiligrathstraße, W2
Fröbelweg, X1-X2
G
Gartenstraße, W2
Gellertweg, W1-W2
Gerhart-Hauptmann-Straße, X1
Görlitzer Straße, V2-V3
Gottfried-Herder-Straße, W1
Graf-Zeppelin-Straße, V1-W2
Grüner Weg, W2
Güterstraße, W2-X2
Gustavstraße, W2
H
Hafkesdell, W1
Hasselbeckweg, W3

Essen

Hauptstraße, V2-W2
Hegelstraße, V1
Heiligenhauser Straße, V3
Heinrich-Berns-Straße, X1
Heinrich-Heine-Straße, X2
Herkendell, V1
Hexenberg, W2
Höseler Weg, V3
Hopmannplatz, W1-W2
Hummelshagen, W1
I
Icktener Straße, V1
Im Blumenfeld, W2
Im Hattigsfeld, V1
Im Hinninghoven, W1-W2
Im Kimpel, X2
Im Teelbruch, W1
J
Jagstweg, X1
Jungbornweg, X2
K
Kaienburgsweg, V1
Kaiserstraße, W2
Kantstraße, V1
Karlsbader Weg, W1
Karrenbergsfeld, V2-V3
Kemmannsweg, W1-X1
Kettwiger Weinberg, X2
Kirchfeldstraße, W2
Kirchhtreppe, W2
Kocherstraße, W1-X1
Kringsgat, W2
Krippenweg, W3
Krummacherstraße, W2
L
Laddringsweg, W2
Lahnstraße, W1
Landsberger Straße, V2-V3
Laupendahler Höhe, W3
Lauter Weg, W1
Leibnizstraße, V1
Leinpfad, U1-W2
Lessingstraße, W1
Liedkeweg, W3
M
Mainstraße, W1
Martin-Luther-Platz, W2
Meisenburgstraße, V1
Meistersweg, W2
Mendener Straße, U1-V1
Mintarder Weg, U1-V2
Montebruchstraße, W3
Moselstraße, W1

Erkrath

Mühlendycksweg, W1
Münzenberger Platz, W2
N
Nahestraße, W1
Neckarstraße, W1-X1
O
Oberlehberg, W1
P
Prälatenweg, X2
Promenadenweg, W2-W3
R
Rehfußhang, W1
Rheinstraße, W1-X1
Rinderbachstraße, W2
Rindersberger Mühle, V3
Ringstraße, V3-W2
Ruhrstraße, W2
Ruhrtalstraße, X1-X2
S
Schillerstraße, W1
Schlatterstraße, W2
Schmachtenbergstraße, W2-X1
Schulstraße, W2
Schumannstraße, X1-X2
Sengelmannsweg, W1
Sengenholzer Weg, W3-X4
Sommersberg, V3-V4
Steinweg, W2
Strängerstraße, W2
T
Theodor-Fontane-Weg, X1
Thiemannstraße, W1-X1
U
Uhlandstraße, W1
Unterlehberg, W1
V
Volckmarstraße, V2-W2
W
Werdener Straße, W3-X2
Wilhelmstraße, W2
Wupperstraße, W1
Z
Zur alten Fähre, W2-W3
Zur Kanzel, X2

Grevenbroich
A
Ackerstraße, E29
Alt Mühlrath, C28
Altes Stadion, A29
Am Blumenpfad, E29
Am Böhnerfeld, A32
Am Burghof, A29

Grevenbroich

Am Eichenbroich, C30
Am Erlenkamp, D28
Am Gather Hof, A29
Am Gründchen, A31
Am Grünen Weg, B30
Am Jägerhof, D29
Am Kühlchen, E29
Am Mühlenweg, A32
Am Probstbusch, A29
Am Reiherbusch, D28
Am Rosenhaag, A31
Am Schellberg, A28
Am Sprenger, A32
Am Unteren Bend, B28-B29
Am Wehr, A30
Am Zolltor, D29
Amselweg, B30
An den Dorfhecken, C30
An den Hecken, E29-F29
An den Pappeln, E29
An der Eiche, A30-A31
An der Kolpingschule, A31-A32
An der Obermühle, A31
An der Untermühle, A29-A30
An Lingens, C30
Auf dem Küpper, F29
Auf den Hundert Morgen, A28
Auf der Heide, D28-D29
Auf der Metzenheide, C28-D28
B
Birkenstraße, A31
Brandenburger Straße, A28
Braunsberger Straße, E29
Broichstraße, D29
Bromberger Straße, E29
Brunnenstraße, E29
Burgstraße, A31
C
Calvinerbuschstraße, D29
Copernicusstraße, B28
D
Dechant-Kann-Straße, A31
Dorfstraße, C30-C31
Dr.-Kottmann-Straße, A31-B31
Dr.-Widmann-Straße, A31
Dresdener Straße, A28
E
Effger-Busch-Weg, D29
Eichendorffplatz, A29
Erftgraben, A28-A29
Ermlandstraße, B28
F
Feldstraße, A31-B31

Grevenbroich

Ferdinandstraße, D29
Fichtenweg, E29
Finkenweg, B30
Fischerstraße, A28-B29
Fleckenweiher, D29
Flurweg, F29
Friedrich-Bergius-Straße, B30
Friedrichstraße, A29
G
Gartenstraße, A29
Gartenweg, A31
Gerhart-Hauptmann-Straße, A29
Gilverather Straße, B28
Gleiwitzer Straße, A28
Görlitzer Straße, A28
Grünstraße, B30
Gruissem, C27
Grunewaldstraße, D29
Gubisrather Straße, F29-G29
H
Hahnenpfädchen, A31
Heiligenweg, B28
Heinestraße, A29
Heisterweg, A28-B29
Hellenbergweg, D28
Helpensteiner Weg, D28
Herzogstraße, D29
Heyerweg, A31-A32
Heyerwinkel, A31
Hölderlinstraße, A29
Hofbuschweg, A29
Hülchrather Straße, E29
Hülser Weg, A31
I
Im Erftbend, A29
Im Erftgrund, C28
Im Feldwinkel, F29
Im Heidchenfeld, E29-F29
Im Knauf, C30
Im Kringsfeld, C28-D28
Im Rixenbend, C30
Im Wiesengrund, D29
Immermannstraße, A29
In den Gärten, F29
In der Gasse, E29
Industriestraße, A28-B28
Insterburger Straße, E29
J
Jägerhof, D29
Jahnstraße, D29
Jakobusplatz, E29
Josef-Lecher-Weg, D29
Josef-Thienen-Straße, A28-B28

Grevenbroich

K
Kapellener Straße, A29-B29
Kastanienweg, E29
Klosterweg, A30-A31
Könensgasse, A31
Kolberger Straße, E29
Kottenkamp, B28-C28
Kurze Straße, A29
L
Landsberger Straße, E29
Langwadener Schulweg, B30-C30
Langwadener Straße, A31-D30
Laubfroschweg, D28
Laufenberger Weg, D29
Lerchenweg, B30
Lohweg, E29-F29
M
Marienstraße, E29
Marienwerderstraße, E29
Marktplatz, A31
Marktstraße, A31
Max-Planck-Straße, A28
Mühlrather Straße, C28-D28
Münchrather Straße, E29
N
Neissestraße, A28-B28
Neukircherheide, E30-F30
Neusser Straße, A28-B28
O
Oberstraße, A31-A32
Oderstraße, A28
Olligsgasse, A31
Olligsschlägergasse, A31
Oststraße, A31-B31
P
Pastor-Dehnert-Straße, A31
Posener Straße, E29
Postgasse, A31
Poststraße, A31
R
Rhenaniastraße, A31-B31
Römerstraße, A30-B30
Roseller Straße, F29-G29
Rudolf-Diesel-Straße, B30-B31
S
Sandweg, A28-B28
Schönbergweg, C30
Schubertstraße, A28
Sebastianusplatz, D29
Sportstraße, E29
St.-Bernhard-Straße, C30
St.-Clemens-Straße, A28-A29
St.-Johannisstraße, A28-A29

Erkrath

St.-Norbert-Straße, C30
Stadionstraße, A29
Stifterstraße, A29
T
Talstraße, A28-A29
U
Ulmenstraße, E29
Unterdorf, E31
Unterstraße, A30-A31
V
Viehstraße, E29-E30
Von-Heinsberg-Straße, A31
Von-Pröpper-Straße, D29
W
Wehler Straße, E28-E29
Weimarstraße, A29
Wilhelm-Busch-Straße, A29
Wolliner Straße, E29
Z
Zehntstraße, A31
Ziegeleistraße, A28-A29
Zum Vogelsang, C28
Zur Schwarzen Brücke, B28-B29

Heiligenhaus
A
Ahrweg, W6
Albert-Schweitzer-Straße, X5
Am Berg, W4-X4
Am Ilper Bändchen, X6
Am Lühning, W4
Am Sportfeld, X6
Am Sprung, X4-X5
Am Steinbruch, X8-X9
Am Werkerwald, X7
An der Wildenburg, X6
Anemonenweg, W4-X4
Angerweg, X8
Asternweg, X3-X4
B
Bachstrasse, X5
Beethovenstraße, X5-X6
Bergische Straße, X7
Bleibergstraße, X6
Bogenstraße, X6
Brahmsstraße, X5-X6
Breslauer Straße, X7
Brockhorstweg, V5-W4
D
Dahlienweg, W4-X4
Danziger Straße, X6-X7
Dresdener Straße, X6-X7
Düsselweg, W5

Heiligenhaus
E
Eifelstraße, W6
Eisenacher Straße, X7
Enzweg, W5
Erftweg, W6
F
Frankfurter Straße, V4-W4
Freiherr-vom-Stein-Straße, X5
Friedhofsallee, W7-X7
Fuchsloch, W4
G
Geranienweg, X4
Giesenhofstraße, W6-X6
Gladiolenweg, X4
Görscheider Weg, V4-V5
Grubenstraße, W6-X6
Grünstraße, X7
H
Harzstraße, W6
Hasenberg, W4-W5
Hasselbecker Straße, X6
Hauptstraße, X6
Haydnweg, X5
Höseler Platz, X6
Höseler Straße, V5-X6
Hofermühle, W28-W7
Hubertusstraße, X6
Hüttenweg, X4
Hunsrückstraße, W6
I
Ilpweg, W5-W6
In der Brück, W8
In der Leibeck, W8-X7
In der Lilie, W4
In der Rose, X4
In der Theusen, W5
Isenbügeler Kopf, X4-X5
Isenbügeler Platz, X4
Isenbügeler Straße, W5-X4
J
Jagstweg, W5
K
Kantstraße, X5
Kettwiger Straße, X5
Kinzigweg, W5
Kocherweg, W5
Königsberger Straße, X7
Krokusweg, X4
L
Lahnstraße, W6
Langenbügeler Straße, X3-X4
Laupendahler Weg, W4-X4
Leipziger Straße, X7

Heiligenhaus

Lippeweg, W5
Ludgerusstraße, X6
M
Magdeburger Straße, X7
Mainstraße, W5
Max-Planck-Straße, X5
Memeler Straße, X7
Mohnweg, X4
Moselstraße, W5-W6
Müllerbaum, X5
Müllerweg, W4
N
Naheweg, W5-W6
Neckarstraße, W5
Nelkenweg, X4
Neuhausbusch, X6
Nordstraße, X6
O
Odenwaldweg, W6
Oefter Straße, X4
Oppelner Straße, X7
P
Pestalozzistraße, W4-X4
R
Ratinger Straße, W9-X6
Regnitzweg, W5
Rheinlandstraße, X6
Rhönstraße, W6-X6
Robert-Koch-Weg, X5
Röntgenstraße, X5-X6
Ruhrstraße, V4-W6
Ruwerweg, W5-W6
S
Saaleweg, W5
Saarstraße, W6
Sauerbruchstraße, X5
Schloßweg, W4
Schmalenfeldweg, W4
Schmitzbergweg, W4
Schopshofer Weg, X6
Schubertstraße, X5
Schumannweg, X5-X6
Schwarzwaldweg, W6
Selbecker Straße, X6-X7
Sellberg, V4-V5
Sengenholzer Weg, W3-X4
Siegweg, W5
Spessartstraße, W6
Stakenberg, V5-W5
Steigerwaldweg, W6
Steinbergweg, W4
Stettiner Straße, X7
Stöcken, V5-W5
Südring, X6

Hilden

T
Talburgstraße, X5-X6
Tauberweg, W5
Taunusweg, W6-X6
Tilsiter Straße, X7
Tulpenweg, X4
V
Veilchenweg, X4
Vogelbusch, V5
W
Weilenburgstraße, X6
Weimarer Weg, X7
Werkerhofstraße, X6-X7
Westerwaldweg, W6
Wiel, X8-X9
Wupperstraße, W5
Z
Zehnthofweg, X10-X8
Zum Fuchsloch, W4
Zum Wassermangel, X5

Hilden
A
Agnes-Miegel-Hof, V22
Ahornweg, X25-X26
Akazienweg, W26
Albert-Schweitzer-Weg, W24
Am Anger, X26
Am Banden, X25
Am Bandsbusch, X24
Am Bruchhauser Kamp, W25-W26
Am Eichelkamp, X25
Am Feuerwehrhaus, W24-X24
Am Flausenberg, W22-X22
Am Holterhöfchen, X24
Am Jägersteig, W23-X23
Am Kronengarten, W24
Am Lindengarten, W25-X25
Am Lindenplatz, W24
Am Rathaus, W23-W24
Am Stadtwald, X23
Am Steg, W25
Am Strauch, W25-X25
Am Weberschiffchen, W25
Am Weidblech, W22-W23
Am Wiedenhof, W25-X25
Am Zuckerbuckel, W25
An den Gölden, V25-W26
An den Linden, X25
An der Bibelskirch, W22-X22
An der Gabelung, W23-W24
Anton-Schneider-Weg, W25
Auf dem Driesch, X26

Hilden

Auf dem Kolksbruch, W22
Auf dem Sand, V23
Auf der Hübben, W23
Augustastraße, W23
Axlerhof, W24

B
Bahnhofsallee, V24
Baustraße, W24-X24
Beckersheide, X24
Beethovenstraße, V22-W22
Benrather Straße, V24-W24
Berliner Straße, W24-X24
Bernshausstraße, U24
Bessemerstraße, U24-V24
Biesenstraße, W23-X23
Birkenweg, W25
Bismarckpassage, W24
Bismarckstraße, W23-W24
Bleicherweg, X23
Bogenstraße, W23
Bolthaus, U26-W26
Bolthaushof, W26
Brahmsweg, W22
Breddert, X24-X25
Breidenbruch, U21-U22
Bruchhauser Weg, W25-W26
Brucknerstraße, V22
Buchenweg, X26
Büchnerstraße, V23

C
Carl-Orff-Straße, W22
Comeniusweg, W25

D
Dagobertstraße, W24-W25
Dahlienweg, X25
Daimlerstraße, U24
Dieselstraße, V24
Diesterwegstraße, W25
Dorothea-Erxleben-Straße, W23
Druckerweg, X23
Düsseldorfer Straße, T25-V24

E
Edvard-Grieg-Weg, V22
Eibenweg, X26
Eichendorffhof, W25
Eichenstraße, U24-V24
Eickert, X21
Eisengasse, W24
Elb, U22
Elberfelder Straße, W23-X23
Ellerstraße, U23-V24
Emil-Barth-Weg, V22
Engelbertstraße, W23

Hilden

Erikaplatz, X25
Erikaweg, X25-X26
Erlenweg, X25
Eschenweg, X25

F
Fabriciusstraße, V24
Färberweg, W23-X23
Feldstraße, V24
Felix-Mendelssohn-Straße, W22
Fichtestraße, X24
Fliederweg, X25-X26
Forstbachstraße, X24-X25
Forststraße, U23-U24
Freiligrathstraße, V23
Friedenstraße, W23
Fritz-Gressard-Platz, W24
Fröbelstraße, W25
Fuchsbergstraße, X23
Furtwänglerstraße, V22-W22

G
Gartenstraße, X24
Gerhart-Hauptmann-Hof, W25
Gerresheimer Straße, V21-W24
Giesenheide, V21-W21
Ginsterweg, X26
Gluckstraße, V22-W22
Goesweg, W25-W26
Grabenstraße, U24-V25
Grünewald, V22
Grünstraße, X24
Gustav-Mahler-Straße, V22-W22

H
Händelstraße, V22-W22
Hagdornstraße, W23
Hagebuttenweg, X26
Hagelkreuzstraße, W24
Hans-Sachs-Straße, V23
Haselweg, W26-X26
Haydnstraße, W22-W23
Heerstraße, V23-V24
Hegelstraße, X24-X25
Heideweg, X26
Heiligenstraße, W24
Heinrich-Heine-Straße, V23
Heinrich-Hertz-Straße, V24-V25
Heinrich-Lersch-Straße, V22-V23
Herderstraße, V21-V22
Hochdahler Straße, W24-X21
Hoffeldstraße, W23
Hofstraße, W24-W25
Holunderweg, X25
Horster Allee, U25-U26
Hülsenstraße, T23-U23

Hilden

Hugo-Wolf-Straße, W22
Humboldtstraße, W25
Hummelsterstraße, W23-X23
I
Im Biesenbusch, X23
Im Hock, U23
Im Hülsenfeld, U23-U24
Im Loch, X21-X22
Immermannstraße, V23
In den Hesseln, W22-X22
In den Weiden, V23
In der Gemarke, X26
Itterpark, X24
Itterstraße, V24
J
Jägerstraße, W24
Jahnplatz, W25
Jahnstraße, W24-W25
Johann-Sebastian-Bach-Straße, W22
Johann-Strauß-Weg, W22
Johann-Vaillant-Straße, U24
K
Kalstert, X24
Kantstraße, X24
Karlrobert-Kreiten-Straße, W22
Karnaper Straße, W25
Kastanienweg, W26-X26
Kerschensteinerweg, W26
Kiefernweg, X25
Kilvertzheide, X24
Kilvertzhof, X24
Kirchhofstraße, W24
Kirschenweg, X25
Kleef, W22
Kleinhülsen, U23-U24
Klophaus, X24
Klotzstraße, W24
Klusenhof, W25
Klusenstraße, W25
Kniebachweg, X25-X26
Köbener Straße, V22
Kölner Straße, W25-X25
Koenneckestraße, W23
Körnerstraße, V24
Kolpingstraße, W24
Kosenberg, V22-W21
Krabbenburg, X24-X25
Krepperweg, X23
Kunibertstraße, W25-X25
Kurt-Kappel-Straße, W24
Lärchenweg, X25

Hilden

L
Lehmkuhler Weg, W26-X26
Leibnizstraße, X24
Lessingstraße, V23
Liebigstraße, V24-V25
Ligusterweg, X26
Lindenstraße, W24-X25
Lise-Meitner-Straße, U24
Lodenheide, V21-V22
Loewestraße, V22
Lortzingstraße, W22-W23
Luisenstraße, V23
M
Marie-Colinet-Straße, V24-W24
Marienweg, V22
Markt, W24
Marktstraße, W24
Martin-Luther-Weg, W25
Meide, V22
Mettmanner Straße, W23
Mittelstraße, W24
Molzhausweg, W22
Mozartstraße, V23-W23
Mühle, X23
Mühlenbachweg, X23-X24
Mühlenhof, W24
Mühlenstraße, W23-W24
N
Narzissenweg, X25
Neumarkt, W23
Neustraße, V24-W24
Niedenstraße, U23-U24
Nikolaus-Otto-Straße, U24
Nordmarkt, W22
Nordring, V21-W21
Nordstraße, W23
Nove-Mesto-Platz, W24
O
Oderstraße, V22
Oerkhaus, W26
Oerkhaushof, W26
Ohligser Weg, X25
Ostring, W21-X24
Otto-Hahn-Straße, U24
Overbergstraße, W26
P
Paul-Spindler-Straße, W23
Pestalozzistraße, W25
Pfitznerstraße, V22
Porscheweg, U24
Poststraße, V24
Prießnitzweg, X23
Pungshausstraße, X24

Hilden

R
Regerstraße, V22
Reisholzstraße, T24-U24
Richard-Wagner-Straße, V22-W22
Richrather Straße, W26-X24
Robert-Gies-Straße, W24
Rochowstraße, W25-W26
Röntgenstraße, U24
Rosenweg, X25
Rotdornweg, W26
Rüsternweg, X26

S
Salzmannweg, W26
Schalbruch, T23-V22
Schellingweg, W24-X24
Schillerstraße, V24
Schlehenweg, X26
Schlichterweg, X23
Schubertstraße, W22
Schürmannstraße, W25
Schützenstraße, W24-W25
Schulstraße, W24
Schumannstraße, W22
Schwanenplatz, W24
Schwanenstraße, W24
Seidenweberstraße, W24
Sibeliusweg, V22
Siemensstraße, V24-V25
Silcherstraße, W22
Spinnerweg, X23
Sprangerweg, W26
St.-Konrad-Allee, W24-W25
Steinauer Straße, V22
Stockshausstraße, V23
Sudermannstraße, V22
Südstraße, W24

T
Talstraße, W24
Tannenweg, X25
Taubenstraße, W23-X23
Telleringstraße, V24
Topsweg, W25-W26
Tucherweg, W23
Tulpenweg, X25

U
Uhlandstraße, W24-W25
Ulmenweg, X26

V
Verbindungsstraße, W25
Verdistraße, V22-W23

W
Wacholderweg, X26
Walder Straße, X24

Kaarst

Walter-Wiederhold-Straße, U24
Warrington-Platz, W24
Wehrstraße, V24
Weidenweg, W25-X25
Weißdornweg, W26-X26
Werner-Egk-Straße, W22
Westring, V21-V23
Weststraße, V24-V25
Wielandstraße, V23
Wilbergstraße, W25-W26
Wohlauer Straße, V22

Z
Zeißweg, U24
Zelterstraße, W22
Zum Forsthaus, W21-X21
Zum Grossen Holz, V21-V22
Zur Bredharter Heide, X25
Zur Verlach, W25-X25
Zwirnerweg, W23-X23

Kaarst

A
Achatweg, A19
Adenauer Allee, B17
Allensteinstraße, B18
Alte Landwehr, A15-B14
Am Dreieck, A17
Am Ehrenmal, A19
Am Hagelkreuz, A17
Am Hoverkamp, A17-B17
Am Huppelpesch, A18
Am Jägerhof, A17
Am Kaufmannskreuz, A20
Am Kornfeld, A19
Am Maubishof, A17
Am Mühlenweg, A20-A21
Am Neumarkt, A17
Am Pfarrzentrum, A18-A19
Am Sandfeld, A18
Am Schulzentrum, A17-A18
Am Siepbach, A17
Am Storkesfeld, A19
Am Stüssgeshof, A18
An der alten Landwehr, A16
An der Alten Mühle, A17
An der Gümpgesbrücke, B19
An der Lauvenburg, C17-D16
An der Schmackertz Kull, A17
Anemonenweg, A17-B17
Asternweg, A17-B17
Augsburger Weg, A18
August-Thyssen-Straße, B19
Azaleenweg, A17

Kaarst

B
Badeniastraße, A18
Bamberger Weg, A18
Begonienweg, B17
Bergerfurthstraße, A17
Bernsteinweg, A19
Blumenstraße, A17
Böcklinstraße, A20-A21
Broicher Weg, B16-C16
Broicherseite, C14-C17
Bruchweg, A18-B19
Büdericher Straße, A16-A17

C
Commerweg, A19
Cusanusstraße, A17

D
Dahlienweg, A17-B17
Daimlerstraße, B19
Danziger Straße, B18
Diamant Weg, A19
Dortmunder Straße, A21
Dr.-Stephan-Grüter-Weg, A17-A18
Dürerstraße, A21
Düsselstraße, A18-B18
Dycker Straße, A18

E
Edelweißweg, B17
Effertzfeld, A18
Elbinger Weg, B18
Enzianweg, B17
Erftstraße, A18
Essener Straße, A21

F
Fliederweg, A17
Frankfurter Weg, B18
Freiburger Weg, A18
Fresienweg, A17
Friedensstraße, A17
Friedrich-Krupp-Straße, B19
Fuchsienweg, B17

G
Geranienweg, A17
Giemesstraße, A16-A17
Gilbachweg, A18
Ginsterweg, A19
Girmes-Kreuz-Straße, A18-B18
Gladiolenweg, A17-B17
Goldregenweg, A19
Granatweg, A19
Großer Mühlenweg, A19-A20
Grünstraße, A17
Gutenbergstraße, A21

Kaarst

H
Hagebuttenweg, A19
Hainbuchenweg, A19
Halestraße, A17
Hanauer Weg, A18
Hasselstraße, A19
Heidelberger Weg, A18
Hinterfeld, A18
Hoferhofweg, B17
Holunderweg, A19
Hülchrather Straße, A18-A19
Hülser Weg, A16
Hüngert, B19

I
Im Hunengraben, A17
Im Riedbusch, A19
Im Rottfeld, B17-B18
Ipperfeld, A18
Irisweg, B17

J
Jasminweg, B17
Josef-Kuchen-Straße, A19
Jupiterstraße, B18

K
Kaarster Buscherhöfe, A16-B16
Kaiser-Karl-Straße, A17
Kampstraße, A17-B17
Kampwebersheide, B17
Karlsruher Straße, A18
Kemptener Weg, A18
Kirchstraße, A16-A17
Kleine Lange Hecke, A18-B18
Kleinsiepstraße, A17
Klövekornstraße, A17
Koblenzer Weg, B18
Königsberger Straße, B18
Königstraße, A19
Korallenweg, A19
Kreuzstraße, A19
Kristallweg, A19
Krokusweg, A17
Kurze Straße, A18

L
Lange Hecke, A17-C18
Liedberger Straße, A18
Lilienweg, B17
Lindauer Weg, A18

M
Mankartzweg, A15-C15
Mannheimer Weg, A18
Marburger Weg, B18
Margeritenweg, B17
Marsstraße, A18
Matthias-Claudius-Straße, A17

Kaarst

Maubisstraße, A17
Meerbuscher Straße, A17
Menzelstraße, A20-A21
Merkurstraße, B18
Mittelstraße, A16-A17
Moerser Straße, A17
Moselstraße, A18
Münchener Straße, A18-B18
Myllendonker Straße, A19
N
Narzissenweg, A17-B17
Neersener Straße, A18-B19
Nelkenweg, A17
Nettestraße, A18
Neu-Knoch-Hof-Straße, A16
Neusser Straße, A17-B17
Niederdonker Straße, A17-B16
Niersstraße, A18
Novesiastraße, A21
Nürnberger Straße, A18
O
Ober'm Garten, A18
Onyxweg, A19
Opalweg, A19
Orchideenweg, B17
Osterather Straße, A15-A16
Oststraße, B18
P
Passauer Weg, A18
Pestalozzistraße, A18
Pillauer Weg, B18
Porschestraße, B18
Postweg, A21
R
Reeser Weg, A17
Regensburger Weg, A18
Rheinstraße, A18
Ritterstraße, A17
Rosenheimer Weg, A18
Rosenstraße, A17
Rubinweg, A19
Rurstraße, A18
S
Saturnstraße, B18
Schlehenweg, A19
Schloßstraße, A19
Schwalmstraße, A18
Schweinfurter Weg, A18-B18
Siemensstraße, A19-B19
Smaragdweg, A19
Sonnenstraße, B18
Spitzwegstraße, A20
Stakerseite, A18

Kaarst

Sternstraße, A18
Südstraße, B18
T
Tilsiter Weg, B18
Tönisfeld, A16
Tönishöfe, A16
Topasweg, A19
Tulpenweg, B17
Turmalinweg, A19
V
Veilchenweg, A17
Venusweg, B18
Von-Galen-Straße, A18
W
Wacholderweg, A19
Wasserweg, A18
Weckenhofstraße, B18
Weißdornweg, A19
Wiesbadener Straße, B18
Windmühlenstraße, A17
Windvogt, A17
Würzburger Weg, A18
X
Xantener Straße, A16-A17

Krefeld
A
Adolf-Dembach-Straße, B1-B2
Ahornstraße, B2
Albert-Schweitzer-Straße, A2
Albert-Steeger-Straße, B5-B6
Allensteiner Straße, B5
Alte Friedhofstraße, C2
Alte Krefelder Straße, B4-C3
Alte Rheinbabenstraße, A5-B5
Alter Schulweg, D6
Am Bahnhofsplatz, C3
Am Böttershof, A7
Am Castell, E6
Am Dorfgraben, A7
Am Hafenkopf, D4
Am Heesbusch, C1
Am Hirschsprung, A5
Am Holderspfad, A7
Am Kalvarienberg, B5
Am Kreuz, D1
Am Lindenplatz, B3
Am Marktplatz, C3
Am Mühlenhof, B5-B6
Am Oberend, A7
Am Oberfeld, C4
Am Obertor, C4
Am Oelvebach, D6

Krefeld

Am Plänksken, B5-C4
Am Rheinhorst, C4
Am Rheintor, C3
Am Röttgen, B3-C3
Am Stadtpark, B2
Am Steinacker, C5
Am Stockerhof, A7
Am Stöcksken, B5-C5
Am Wallgarten, C4
Am Zollhof, C3
An der Andreaskirche, D6
An der Bruchmühle, A3
An der Geismühle, A8-B8
An der Puppenburg, D6
An der Römerschanze, F6
An der Tränke, B2-C3
An Neuenhofen, A4
Andreasmarkt, B5-B6
Arndtstraße, B3
Auf dem Bollwerk, B5
Auf der Rheinaue, B2
Augustastraße, B3-B4
B
Bacherhofstraße, A7
Bahnhofstraße, B3-C2
Bataverstraße, D5-F6
Beethovenstraße, B3
Behringstraße, B2-C2
Bergackerweg, A1
Bergstraße, A3-B3
Berliner Straße, A5-C4
Bethelstraße, A4
Birkenweg, D7-D8
Bischofstraße, A6
Biselterweg, D5-D6
Bockumer Platz, A4
Bodelschwinghstraße, A4
Boedikerstraße, B5
Boleystraße, A3
Braunschweiger Platz, B2-C2
Breitenbachstraße, A6
Bremer Straße, A3-A4
Breslauer Straße, A2
Bromberger Straße, B5
Bruchfeld, A4-A5
Bruchhecke, B5
Bruchhöfe, A1
Bruchstraße, C3
Bruchweg, A1-B3
Burgstraße, C3-C4
Buschweg, A8-A9

Krefeld

C
Carl-Duisburg-Straße, B2
Carl-Sonnenschein-Straße, B5-C4
Casinogasse, C3
Castellweg, E6
Crön, A6
D
Damaschkestraße, A2-A3
Dammstraße, C4
Danziger Platz, B5
Deichstraße, D1
Deswatinesstraße, A4
Dorfstraße, D1-D2
Dr.-Walter-Kleinschmidt-Straße, A2
Drususstraße, C2
Düsseldorfer Straße, C4-E7
Duisburger Straße, C1-C3
Dujardinstraße, C3
E
Ebersteg, A5
Edmundstraße, B2
Eduard-Möricke-Straße, B3
Elbinger Straße, B5
Elsa-Brändström-Straße, A2
Elter Schützenweg, B6-C5
Eltweg, B6-B7
Emil-Feinendegen-Straße, A5
Emil-Fischer-Straße, B2
Emil-Schäfer-Straße, A3
Erlenweinstraße, B1-B2
Ernst-Schroeder-Straße, A3
Ernst-Velten-Straße, D6
Essener Straße, A4
Europaring, A2
Eutiner Straße, B3
F
Fabritiusstraße, B4
Fasanenstraße, A4-B4
Fegeteschstraße, D5-E5
Flensburger Zeile, A3-D4
Floßstraße, C4
Franz-Stollwerck-Straße, C4
Fridtjof-Nansen-Straße, A2
Friedensstraße, A2-D1
Friedlandstraße, A2
Friedrich-Menges-Gasse, A7
Friesenstraße, B3
Fungendonk, A7
G
Gelleper Straße, D6-E6
George-C.-Marshall-Straße, C5-D5
Gertrudisstraße, A4
Glindholzstraße, A5

Krefeld

Glockenspitz, A5
Görlitzer Straße, A2
Graudenzer Platz, B5
Greiffenhorst, C5
Grete-Schmitz-Straße, B2
Großer Ossumer Weg, B7-B8
Gubener Straße, A2
H
Haberlandstraße, B2
Hafenstraße, B5-D4
Hammerstraße, B5
Hauptstraße, A7
Hausbend, A5-B5
Heckschenstraße, A6-A7
Heidbergsweg, D6-F7
Heinrich-Heine-Straße, B3
Heinrich-Klausmann-Straße, A6-A7
Heinrich-Leven-Straße, D6
Heinrich-Malina-Straße, A6
Heinrich-Theißen-Straße, B2-B3
Heinrichsplatz, B2-B3
Helgoländer Steig, B4
Hentrichstraße, D4-E5
Hermann-Rademacher-Straße, B5
Hessenstraße, B5
Heulesheimer Straße, B7-C7
Hochstadenstraße, B2-C3
Höhweg, D7
Hoeninghausstraße, A5
Höppnerstraße, A5
Hohenbudberger Straße, C2-C3
Honschaft-Rath-Platz, A1-A2
Husumer Weg, A3-B3
I
Idastraße, A5-B5
Illvericher Straße, D7
Im Talacker, A3
In der Elt, C5-D6
Irmgardisweg, A3-B3
Issumer Straße, B6
J
Johannes-Augstein-Straße, A7
Johansenaue, A5
Joseph-Görres-Sraße, B4-C3
K
Kaiserswerther Straße, D6-D7
Kampstraße, A3-B3
Kastanienstraße, B2-C2
Kathreinerstraße, C2
Kesselplatz, A5
Keutmannstraße, A4-A5
Kieler Straße, A4
Kierster Straße, D6-D7

Krefeld

Kirchgasse, B5
Kirchplatz, C3
Kirchstraße, D1
Kirschkaulenweg, D7
Kleiner Ossumer Weg, B8
Kleiststraße, B3
Knopsweg, C6-D6
Königsberger Straße, B5-C4
Körnerstraße, C2
Kohlplatzweg, C4-C5
Kolpingstraße, C4
Konradstraße, B2
Krämergasse, C3
Kreuzweg, B5
Kronenstraße, C3
Krumme Straße, D6-E6
Kurfürstenstraße, C3-C4
Kurkölner Straße, A6-B6
L
Lange Straße, B4-C3
Lanker Straße, D6
Latumer Bruchweg, C7-D8
Latumer Straße, E6-E7
Legionstraße, D6-E6
Linner Platz, A5-B5
Linner Straße, C4
Lise-Meitner-Weg, B3
Löhkenweg, A1
Löschenhofweg, A2-B3
Lohbruchweg, A6-B8
Lortzingstraße, B3
Lübecker Weg, A3-B3
Lüneburger Weg, A4
Lützowstraße, B3
M
Märkische Straße, C4-C5
Magdeburger Straße, A3
Margaretenplatz, B5-B6
Margaretenstraße, B5-B6
Marienburger Straße, A2
Mauerstraße, B5-B6
Mauritzstraße, B1-B2
Max-Planck-Straße, A2
Mecklenburger Straße, B3
Memeler Platz, B5
Michael-Kievelitz-Straße, A7
Müllerstraße, D5
Mündelheimer Straße, B3-C4
N
Neißestraße, A4
Neuhofsweg, A1
Niederstraße, C3
Nierster Straße, D6-D7

Krefeld

Nikolaus-Groß-Straße, B3
Nikolausweg, C4
O
Obere Mühlengasse, C3
Oberstraße, C3
Oderstraße, A2
Ohlendorffstraße, D5
Oldenburger Weg, A3-B4
Ossumer Straße, A5-A6
Ostpreußenstraße, C5
P
Parkstraße, B1-B3
Pastoriusstraße, C5
Patersgasse, C3
Paul-Hübner-Straße, A5
Petersgasse, C3
Pfarrgasse, C3
Pliniusweg, E6
Plöner Weg, B3
Posener Straße, B5
Potsdamer Straße, A4-A5
Q
Quartelkämpchen, B5-C5
Querstraße, B3
R
Rathenaustraße, B5-C5
Rather Straße, A1-B1
Rehgraben, A5
Rembertstraße, A5
Rendsburger Straße, A4
Rheinbabenstraße, B5
Rheinfeld, B5-C5
Rheinhausener Straße, D1
Rheinuferstraße, C2-D1
Ringofenweg, D6
Roggendorfgasse, C3
Rumelner Straße, A1-A2
Rundweg, B3-B4
S
Saalestraße, A3
Saarstraße, B5-C5
Scheiffgensweg, C5
Schenkendorfstraße, B3
Schleswiger Straße, B5
Schützenstraße, B2-C2
Schwarzer Weg, D6
Schwengerssstraße, C2
Sebastianstraße, A4
Seilbahn, C3
Silostraße, D5
St.-Matthias-Straße, B4-B5
Stettiner Straße, A2
Stratumer Feld, D6

Krefeld

Stratumer Schulweg, D6
Strümper Weg, A10
Stübeweg, A3-B3
T
Tacitusweg, D6-E6
Talweg, B7-C8
Taubenacker, D6
Ter-Meer-Platz, B2
Ter-Meer-Straße, B2
Theodor-Storm-Straße, B3
Thorner Zeile, B5
Tilsiter Straße, B5
Topsstraße, B2-C2
Traarer Straße, A2-B3
Türkenbruch, B4-B5
Turmstraße, C3-C4
U
Untere Mühlengasse, C3
V
Verberger Straße, A3-A4
Viktor-Jakubowicz-Straße, B4-C4
Virneburgstraße, B4
Von-Brempt-Straße, C3
W
Wehrstraße, C3
Weidenbruchweg, C5-D5
Weilerstraße, B2
Westerburgstraße, B3
Westpreußenstraße, B5-C5
Wieselpfad, A5
Windmühlenstraße, A4
Wolfshag, A5
Wüstrathstraße, B3
Z
Zeppelinstraße, A3-B3

Langenfeld
A
Adolf-Spies-Straße, W29
Ahornweg, W31
Akazienallee, X31
Alt Langenfeld, W29-W30
Alter Knipprather Weg, W31
Am alten Broich, W29-W30
Am Alten Gaswerk, X30
Am Bendenbusch, X31
Am Friedhof, X28
Am Galgendriesch, W31-X31
Am Hang, X30
Am Hardtkreuz, X29
Am Knochshof, V30
Am Merxhof, X28
Am Neuenhof, X27

Langenfeld

Am Schiefers Grund, W30
Am Schlangenberg, X28
Am Solperts Garten, V30
Am Wiedenhof, W28
An der Eiche, X28
An der Landstraße, W30
An der Linde, V30
An der Tente, X30
Annastraße, X27
Auf dem Sändchen, X30
Auf der Dorn, V30
Auf der Klipp, W31-W32
Augustastraße, X27-X28
Auguste-Piccard-Weg, W30
B
Bachstraße, W30-X30
Bahnhofstraße, W31-X31
Bahnstraße, X29
Baumberger Straße, U30-V30
Beethovenstraße, X30
Berghausener Straße, T30-X28
Berliner Platz, X31
Birkenweg, W31
Blumenstraße, V29-W30
Brandsackerstraße, W30
Breslauer Straße, X29
Buchenweg, W30
C
Carl-Becker-Straße, X31
Carl-Diem-Weg, X30
Carl-Sonnenschein-Weg, W28
Christ-König-Weg, X31-X32
Comeniusweg, X30-X31
D
Danziger Weg, X29
Dhünnweg, X28
Dietrich-Bonnhoeffer-Straße, X30-X31
Dorotheenstraße, X27
Düsseldorfer Straße, V28-X31
Düsselweg, X28
E
Eckenerweg, W30
Egerweg, X29
Eibenweg, W31
Eichenfeldstraße, X30
Elisabeth-Selbert-Straße, W29
Elisabethstraße, X27
Erikastraße, X27
Erlenweg, W31
Ermlandstraße, X29
Eschenweg, W31
Eulenflug, X28

Langenfeld

F
Färberstraße, X32
Fahlerweg, X30
Feldstraße, X29
Fichtenweg, W30
Florastraße, X30
Flurstraße, X31-X32
Frankenplatz, X28
Freiherr-vom-Stein-Straße, X31
Friedelweg, X27
Friedensstraße, X31-X32
Friedhofstraße, X30
Fröbelstraße, X31
G
Galkhausener Straße, X31
Ganspohler Straße, X30
Gerdastraße, X27-X28
Grenzstraße, X31
Gudrunstraße, X28
H
Hans-Böckler-Straße, V29-W29
Hans-Holbein-Straße, X30
Hansastraße, X32
Hasenpfad, X31
Hauptstraße, X30-X31
Haus Gravener Straße, X28
Haus-Bürgel-Weg, W30
Haus-Garath-Weg, W30-X30
Hausinger Straße, X32
Heckenstraße, V30-W30
Heidstraße, X27
Heinenbusch, X28
Heinrichstraße, X30
Helenenstraße, X27
Helgastraße, X28
Hermann-Köhl-Straße, X30
Hildegardstraße, X27-X28
Hildener Straße, W26-X28
Hinter den Gärten, X31
Hochstraße, X31
Hohlstraße, V30
Holunderweg, W30
Hüsgen, X28
I
Im Bruchfeld, X30-X31
Im Hausfeld, W28-X28
Im Schaufsfeld, X30
Im Schneeloch, V30
Immigrather Dreieck, X30
Immigrather Straße, X28-X29
In den Griesen, X30
In den Höfen, V30
In den Weiden, X30

Langenfeld

In der Rötter, X29
Irmastraße, X27
Isarweg, X31
Itterweg, X28
J
Jägerstraße, X31
Jahnstraße, X29-X30
Johannesstraße, X30
Josefstraße, X30
K
Kaiserstraße, X28
Kampweg, X30
Karl-Benz-Straße, V29
Karlstraße, X30-X31
Kastanienweg, X31
Katzbergstraße, W31
Kiefernweg, W30-W31
Kirschstraße, X28
Klosterstraße, W28-X28
Knipprather Straße, V32-X31
Kölner Straße, X31-X32
Königsberger Straße, X29
Kolpingstraße, X32
Konrad-Adenauer-Platz, X30
Korfmacherstraße, V30
Kreuzstraße, X31
Kurt-Schumacher-Straße, X30
L
Lärchenweg, W31
Langfort, W29-W30
Langforter Straße, W29-X30
Leipziger Weg, X29
Liepelsland, X27
Lilienthalweg, W30
Lindberghstraße, X30
Lindenstraße, X31
Ludoviciweg, W28
Ludwig-Wolker-Straße, W29
Luisenstraße, X27
Lukas Cranach Straße, X30
M
Margaretenstraße, X27
Marienburger Straße, X29
Marienstraße, X27
Marktplatz, X30
Marthastraße, X27-X28
Martin-Buber-Straße, W28
Martinplatz, X29
Martinstraße, X29-X30
Meisentalstraße, X28
Memelweg, X28
Metzmacherstraße, X30
Mittelstraße, X30

Langenfeld

Monikastraße, X27
Montessoristraße, X31
Mühlenweg, V29-V30
N
Neißeweg, X28-X29
Neu-Stefenshoven, W31
Neustraße, X32
O
Oderstraße, X28-X29
Oskar-Erbslöh-Straße, W30-X30
P
Pastor-Breuer-Straße, W29-X28
Pastor-Löh-Straße, W29-X29
Pater-Kolbe-Weg, X31-X32
Paulstraße, X29
Pestalozzistraße, X31
Piusweg, X27
Pommernweg, X29
Posener Weg, X29
Postgartenstraße, X31
Poststraße, W31-X31
Pregelweg, X29
Q
Querstraße, X29
R
Raiffeisenstraße, V29
Rheindorfer Straße, X31-X32
Richrather Straße, X28-X30
Rietherbach, X27
Ringweg, X29
Rotdornweg, X31
Rudolf-Harbig-Weg, W29-X29
Rudolfstraße, W30-W31
S
Schulstraße, X31
Seidenweberstraße, X32
Senliser Straße, X30
Sepp-Herberger-Straße, W29
Sofienstraße, X27
Solinger Straße, X30
St. Martinushof, X28
Stadtgarten, X31
Stefenshovener Straße, W30-W31
Steinrausch, X29
Stettiner Straße, X30-X31
T
Talstraße, X30-X32
Tannenweg, W30
Theodor-Heuss-Straße, W30-X30
Tilsiter Weg, X29-X30
Tönnisbrucher Feld, W28
Treibstraße, V30-W30
Turnerstraße, X30

Langenfeld

U
Ulmenweg, W31
Ursulaweg, X27
V
Volksgartenstraße, X31
Von-Bodelschwingh-Weg, X30
Von-Etzbach-Straße, X30
Von-Galen-Straße, X28
Von-Holstein-Straße, X30
Von-Hünefeld-Straße, W30-X30
Von-Ketteler-Straße, X28
Von-Kniprode-Weg, X31
Von-Nesselrode-Straße, X31
Von-Quade-Weg, W30
Von-Velbrück-Straße, W30-X31
W
Waldstraße, X31
Walter-Kolb-Straße, X29
Weberstraße, X31-X32
Weißenstein, W29-X29
Wiebachstraße, X27
Wilhelmstraße, X31
Winkelstraße, W28-X28
Winkelsweg, X28-X29
Wolfhagen, V28-V29
Wolfhagener Straße, V29-X28
Wupperstraße, X28
Z
Zehntenweg, X28-X29
Zeppelinweg, W30
Zum Bräuhaus, X28
Zum Stadion, W29-X29
Zum Stadtbad, W29
Zur Riethrather Mühle, X26-X27

Meerbusch

A
Ackerstraße, B13
Ahornstraße, D13-E14
Albertstraße, E9
Allensteiner Straße, E8
Alt Langst, H10-H9
Alt Schürkesfeld, C10
Alte Poststraße, A13
Alte Wasserstraße, E8
Alter Kirchweg, F14-F15
Alter Markt, E9
Alter Schulhof, E9
Am Alten Teich, E9
Am Anker, E8-E9
Am Bach, E7-E8
Am Berg, C13-C14
Am Böllershof, C13

Meerbusch

Am Breienacker, C11
Am Breil, E13-E14
Am Buschend, C11-C13
Am Damm, E8
Am Ditgeshof, A12
Am Dyck, G10-G9
Am Eichenkreuz, F15
Am Eisenbrand, E15-E16
Am Farnacker, F16
Am Feldbrand, G14
Am Flehkamp, E14
Am Fronhof, F14-F15
Am Fußfall, A13
Am Grünen Weg, G15-G16
Am Gumpertzhof, A13
Am Hagelkreuz, A13
Am Hannenhof, A9-B9
Am Haushof, C11-D11
Am Hövel, F14
Am Hoterhof, A12
Am Ismerhof, E9
Am Junkerstrauch, F16
Am Kamberg, B9
Am Kapellengraben, C11-D11
Am Kapittelsbusch, F16
Am Kirchendriesch, F16
Am Kniekamp, F16
Am Landsknecht, F14
Am Langenbruchbach, G10
Am Latumer See, D9
Am Lierzfeld, C11
Am Lindchen, B13
Am Lipperhof, E9
Am Meerbusch, C13
Am Meerkamp, F15
Am Mühlenbach, C13
Am Nierster Pfad, G9
Am Oberbach, G10-H10
Am Oberen Feld, G7-H8
Am Pfad, D11
Am Pfarrgarten, F15
Am Pfützhof, E14
Am Plönesh0f, A13
Am Rheinblick, H8-H9
Am Roßkamp, E8
Am Roten Kreuz, E15-F15
Am Schwanenhof, D8-E8
Am Siegershof, H8
Am Sonnengarten, F16
Am Spick, G7
Am Sportplatz, A12
Am Steinacker, D11
Am Striebruch, E8

Meerbusch

Am Tanneneck, D13-D14
Am Wald, D13-D14
Am Weilerhof, A10-B10
Am Wildpfad, F16
Am Willer, D14
Am Ziegelofen, H8
Amandusstraße, C11
Amselweg, F16
An den Linden, D13-E13
An der Alten Schule, F10-F11
An der Autobahn, B10-C8
An der Bundesbahn, A12
An der Holzung, B9
An der Reick, D11
An der Rheinbahn, A12
An der Strempe, D11
An der Vogelruthe, A12
An St.Franziskus, C11
Anemonenweg, B11
Anton-Holtz-Straße, F15-F16
Apelter Weg, F13-F14
Aretzstraße, A12
Arndtstraße, D9-E9
Asternstraße, E8
Auf dem Band, B11-F10
Auf dem Hahn, C11
Auf dem Scheid, G8
Auf den Steinen, F15
Auf der Gath, D11
Auf der Geest, B9
Auf der Hees, E8
Auf der Scholle, B8-B9
Azaleenweg, A13
B
Bachstraße, D11
Badendonker Straße, C15-E15
Badener Weg, F16
Bahnhofsweg, A12-A13
Barbara-Gerretz-Straße, A12
Beethovenstraße, D13
Bergfeld, D11-D12
Berliner Straße, E8-F9
Birkemesweg, A14
Birkendonk, D8
Birkenhofweg, D7-D8
Birkenweg, C12
Birkhuhnweg, A9
Bismarckstraße, D8-E8
Blumenstraße, E14
Böhler Straße, G16-H15
Bösinghovener Straße, A8-A9
Bommershöfer Weg, A13
Bommersweg, C11

Meerbusch

Bongardgasse, A13
Bovert, C13
Boverter Kirchweg, B13
Brahmsweg, B13
Brauersweg, D11
Breite Straße, A12
Breslauer Straße, E8-E9
Bretonenstraße, C11
Brockhofweg, F10-F11
Broichweg, D15-E16
Brucknerstraße, C10-C11
Brühler Weg, E14-F14
Brunnenstraße, E9-F10
Buchendonk, D8
Buchenweg, D14
Büdericher Allee, F14-F15
Buschstraße, C11-C13
Bussardweg, C10
C
Camesallee, D11-D12
Carl-Diem-Straße, B9
Carmenstraße, F9
Chlodwigstraße, G8
Chopinstraße, C10-C11
Claudiusstraße, D9-E9
Commeniusstraße, A12
Cranachstraße, E14-E15
D
Daddersweg, F16
Dahlienpfad, A13
Danziger Straße, B13
Deichweg, G10-H10
Der Grüne Weg, F8
Der Kreuz-Wildweg, D11-F12
Der Lohweg, E8-F7
Deutsches Eck, F15
Dietrich-Bonhoeffer-Straße, F15
Dörperweg, B13
Dohlenweg, F10
Dompfaffweg, F10
Dorfstraße, F14-F15
Dr.-Franz-Schütz-Platz, F14-F15
Dr.-Wilhelm-Hilser-Straße, E14
Dreispitzweg, A9-B9
Dresdener Straße, B13
Drosselweg, F16
Dückersstraße, F15-G15
Dülsweg, E14
Dürerstraße, E14
Düsseldorfer Straße, F15-G16
Düsselweg, D11

Meerbusch

E
Eibenweg, A8-A9
Eichendorffstraße, D9
Eichenweg, D14
Elbinger Straße, B13
Elsternweg, G10
Erftstraße, D12
Erikaweg, C11
Erlenweg, D13-E13
Erschsträßchen, A13
Eschendonk, D8
Eschenweg, D14
Espenweg, F10-F11
F
Falkenweg, C10-C11
Fasanenweg, A8-A9
Feldblumenweg, F10-F11
Feldstraße, F15
Fichtenweg, D13
Finkenweg, F16
Fischelner Straße, A10-A9
Fliederstraße, E8
Florastraße, D14-E14
Florianstraße, E9
Fontanestraße, G15
Forsthausweg, E13
Forststraße, C12-D12
Fouesnantplatz, C11
Frankenweg, F16-G16
Friedeberger Weg, G15-G16
Friedenstraße, E14-F14
Friedhofweg, F14
Friedrich-Ebert-Straße, F15
Friedrich-von-der-Leyen-Straße, D14
Fritz-Wendt-Strasse, B11
Fröbelstraße, A12-A13
Fronhofstraße, E9
Fuchspfad, F10-F11
Függershofweg, A9
Further Weg, F16
G
Gartenstraße, F15-G15
Gatherstraße, A13
Geisweg, A8-B8
Gelleper Straße, E8
Gelvenweg, C13
Geranienweg, C11
Gereonstraße, F15
Gerhard-Bacher-Straße, A12
Giesenend, A13
Giesenender Kirchweg, A13
Ginsterweg, A8-B8
Glockengasse, E9

Meerbusch

Görgesheideweg, A11-A12
Görresstraße, A12
Goethestraße, A12-B12
Goldammerweg, B11
Gonellastraße, D9-E9
Grabenstraße, G14
Greifswalder Straße, E8
Große Gasse, E9-F10
Grüner Weg, A11-B12
Grünstraße, G15-G16
Gruttorfer Weg, A13-A14
Gustav-van-Beek-Allee, D11
H
Habichtweg, C10
Haselweg, B9
Hauptstraße, E8-E9
Hauptweg, F7-F8
Haus Meer, E13
Haydnstraße, C10
Hegelstraße, G14-G15
Heideweg, B8-B9
Heinenkamp, A13
Heinrichstraße, E9
Hermann-Unger-Allee, F14
Hessenweg, F16
Hildegundisallee, D14-E14
Hildegundisstraße, G8-H8
Hindenburgstraße, D14-E14
Hochstraße, A13
Hölderlinstraße, G15
Hohegrabenweg, E15-F16
Hohlenweg, A13
Holbeinstraße, E15-F15
Holsteiner Straße, F16
Holunderweg, C12
Hosterzweg, H8
Hoterheideweg, A12
Hoxdelle, G15-G16
Hoxhof, G15-G16
Hoxweg, G15
Hubertusweg, D11
Hülsenbuschweg, D16-E15
Hugo-Recken-Straße, A13
Humboldtstraße, F16
I
Ilbertzweg, D11
Ilvericher Straße, G10-H9
Im Bachgrund, F15
Im Böhlerhof, F16
Im Gründchen, B13
Im Haag, C13
Im Kamp, E15
Im Küppersfeld, F15

Meerbusch

Im Niederstift, F16
Im Park, E13
Im Rott, A8-A9
Im Schieb, E8-E9
Im Wiesengrund, C13
Im Winkel, C13
In der Issel, E13-F11
In der Loh, E7-E8
In der Meer, F15
In der Wasserstadt, E8-E9
Ingerweg, A13-A14
Insterburger Straße, B13
Isseldyk, E13-F12
Isselweg, C11-D11
Issemerplatz, E9
Ivangsweg, B13
J
Jahnstraße, A12
Jasminstraße, E8
Johann-Dahmen-Straße, E14
Johann-Wienands-Platz, E16-F16
Johannes-Kirschbaum-Straße, F14-G14
Josef-Kohtes-Straße, C12-D12
Josef-Tovornik-Straße, E9
Josef-Werres-Straße, A9-B9
K
Kaarster Straße, A13-A14
Kaiserswerther Straße, E8-E9
Kaldenberg, E8
Kaldenbergspfad, E8
Kalverdonksweg, B12-C13
Kamperweg, B13
Kantstraße, G14-G15
Kanzlei, E14-E15
Kapellenstraße, A12
Karl-Arnold-Straße, F16
Karl-Borromäus-Straße, F15-G15
Kaustinenweg, C11
Kemperallee, E9
Kesselsweg, D11
Kettelerstraße, F15-G15
Kiebitzweg, A9
Kieferneck, D14
Kierster Mühlenweg, F8-G9
Kierster Straße, E9-F9
Kirchpfad, E16-F15
Kirchplatz, A13
Königsberger Straße, B13
Kösliner Weg, B13
Kolberger Straße, B13
Kolpingstraße, F15
Kornstraße, B13
Krahnengasse, D8-E8

Meerbusch

Krefelder Straße, A12
Kreuzweg, E16
Krokusweg, C11
Küxpfad, A12-B12
Kuhweg, E11-G10
Kulenweg, G7
Kullenberg, H8-H9
Kurze Straße, A11
L
Laacher Weg, F16-G16
Ladestraße, A12-A13
Langster Kreuzberg, H8
Langster Straße, G9
Lanker Straße, F8-G7
Latumer Bruchweg, C7-D8
Latumer Straße, E8
Lavendelstraße, C11
Leipziger Straße, E9-F9
Lerchenweg, F16
Lessingstraße, F15-G15
Lettweg, G14-H15
Liegnitzer Straße, B11
Lilienpfad, A13
Lindenstraße, A12
Linner Straße, D8-E8
Lippeweg, C11-D11
Lönsweg, C11
Lötterfelder Straße, E16-F16
Lortzingstraße, F15
Lotharstraße, G8-H8
M
Magdeburger Straße, G15
Marienburger Straße, F16-G16
Martinstraße, G10
Matarestraße, F14-G15
Matthias-von-Hallberg-Straße, E9
Mauritiusstraße, F15
Meerbuscher Straße, A13-D13
Meerhofstraße, D11
Meisenweg, F16
Mendelssohnstraße, C10-C11
Merowingerstraße, G8
Meyersweg, A11
Missouriplatz, E9
Mittelstraße, D8-E8
Mönkesweg, C11-C13
Mörikestraße, E9
Moerser Straße, D12-F15
Mollsfeld, A11-A12
Montessoristraße, A12
Mozartplatz, B13
Mozartstraße, F15
Mühlenstraße, E8-E9

Meerbusch

N
Nachtigallenweg, F9
Narzissenweg, A13
Nattweg, F7-G7
Necklenbroicher Straße, E15-F15
Nelkenstraße, E8
Netteweg, D11
Neuer Weg, C13
Neusser Feldweg, B13-B14
Neusser Straße, F16-G16
Neustraße, G16
Nibbelsweg, A12-B12
Niederdonker Straße, E16-F16
Niederlöricker Straße, G14-H15
Nierster Straße, E9-F8
Niersweg, C11-D11
Nikolaus-Otto-Straße, A12
Nordstraße, F15-G15

O
Obere Straße, E11-G10
Oleanderweg, C11
Ossumer Straße, D9
Ostarastraße, A12
Osterather Straße, B11-C11
Oststraße, F15-G16

P
Pappelallee, D10-E9
Paul-Jülke-Straße, C11
Peter-Weyers-Straße, D8
Pfälzer Straße, F16
Pfarrstraße, E9
Posener Straße, B13
Poststraße, F14-F15
Pullerweg, A13-A14

Q
Querstraße, A9

R
Raiffeisenplatz, A13
Rebhuhnweg, A9
Regerstraße, C10-C11
Reiherweg, B11
Rheindamm, G10
Rheinfeldweg, G14
Rheinpfad, G14
Rheinstraße, E9
Rilkestraße, D9-E9
Römerfeld, A12
Römerstraße, F16
Röttgenweg, C15-E14
Rosenhof, A13
Rosenstraße, E14
Rossbachstraße, G15
Rostocker Straße, E8

Meerbusch

Rotdornstraße, D13-D14
Rottfeldstraße, B11
Rottstraße, D8-E8
Rudolf-Diesel-Straße, A12

S
Salierstraße, G8
Sandacker, B9
Sandberg, D9
Schackumer Straße, E14-E15
Schaertzgensweg, F15-F16
Scheidweg, G8-G9
Schiefelberg, A12
Schillerstraße, D9
Schloßendweg, C11-C12
Schloßstraße, B10-C11
Schmalseitweg, D15-E15
Schmitzberg, E14-F14
Schneiderspfad, C11-C12
Schubertstraße, B13
Schürkesweg, C10-C11
Schützendelle, A13
Schützenstraße, G10-G9
Schützhofweg, E9
Schulgasse, E9
Schulstraße, E9
Schumannstraße, B13
Schwalbenweg, E16
Schwalmweg, D11
Sebastianstraße, E9-F9
Siebenschmerzenweg, E15-E16
Sperberweg, F10-G10
St.-Nikolaus-Straße, A13
Stephanusstraße, D9
Stettiner Straße, E8-F8
Stockweg, F10
Stormstraße, D9
Stratumer Straße, F6-H8
Strümper Berg, D11
Strümper Straße, A12-B12
Südstraße, A13
Suitbertusstraße, F9

T
Tannenstraße, E8-F8
Tannenweg, C12
Taubenacker, E9
Theodor-Hellmich-Straße, F14-F15
Theodor-Heuss-Straße, A13
Theodor-Holzschneider-Platz, A13
Thomas-Mann-Straße, B12
Tilsiter Straße, F8
Tulpenweg, C11

Meerbusch

U
Uerdinger Gerichtsweg, A11-A12
Uerdinger Straße, D10-E7
Uhlandstraße, E9
Ulmendonk, D8
Ulmenstraße, E8
Unter den Eichen, D14
Unter'm Kurhut, F16
V
Vedastusstraße, C11
Veilchenweg, C11
Viehgasse, A12
Viehtrift, A13
Virchowstraße, A13
Von-Arenberg-Straße, A9-B9
Von-Bodelschwingh-Straße, F16
Von-Dawen-Weg, E9
Vor den Höfen, G10-H10
Vorderer Lohweg, E7-E8
Vynhovenstraße, A13
W
Wachtelweg, A8
Wagnerplatz, B13
Waldweg, D8-D9
Wanheimer Straße, F15-G15
Wasserstraße, E8-F8
Webergasse, E9-F9
Weberstraße, F15
Weidendonk, D8
Weidenstraße, A9
Weingartsweg, D8-D9
Weißenberger Weg, E16-F16
Werthallee, G7
Weseler Weg, F14
Westfalenweg, F16
Weyergrafweg, D11
Wichernweg, F15
Wielandstraße, D9
Wienenweg, A13-B13
Wiesenweg, H7-H8
Windmühlenweg, B9
Winklerweg, A12
Winnendonk, E15
Wittenberger Straße, F8-F9
Witzfeldstraße, F15
X
Xantener Straße, C10-D12
Z
Zeisigweg, G10
Zum Heidberg, F9
Zur Alten Burg, B10-B11
Zur Rheinfähre, H9

Mettman

Mettman
A
Akazienweg, X14
Allgäuer Weg, X14
Am Hoshof, X13
Am Hügel, X13
Am Kothen, X14
Am Werfel, X12-X13
An der Post, X13
Andersenweg, X13
Anemonenstraße, X13
Asternweg, X13
Auf dem Hüls, X14
B
Birkenweg, X14
Brennereiweg, X14
Buchenbusch, X12
Buchenweg, X14
Burenhofsweg, X14
C
Carl-Schmachtenberg-Weg, X13
D
Dahlienweg, X13
Dorper Weg, U17-W14
Düsseldorfer Straße, V14-X14
E
Eichenweg, X14
Eifelstraße, X13
Emanuel-Geibel-Weg, X13
Erkrather Weg, W16-X14
Erlenweg, X14
Ernst-Moritz-Arndt-Straße, X13
Eschenkämpchenweg, W11-X13
F
Fichteweg, W13
Fliederweg, X13
Florastraße, X13
Fontanestraße, X13
G
Ganghoferweg, X13
Gartenkampsweg, X13
Gerhard-Hauptmann-Weg, X13
Ginsterweg, X13
Gottfried-Keller-Straße, X13
Grillparzer Straße, X13
Grimmweg, X13
H
Harzstraße, X13
Hasseler Straße, X13
Heideweg, X13
Heinestraße, X14
Heinrich-von-Kleist-Weg, X13

Mettman

Herderstraße, W13
Hofstadt, X12
Homberger Straße, W11-X13
Hoppenhofweg, W14
Humboldtstraße, W13
Hunsrückstraße, X13
I
Im Grund, X12-X13
K
Kantstraße, W13-X13
Karl-May-Weg, X13
Kastanienweg, X14
Kibbenheide, X13
Kirchendeller Weg, X13
Kirchweg, X13
Klopstockstraße, X13
Kraumenhausweg, W13-W14
L
Leibnizweg, W13
Lilienweg, X13
Lindenbecker Weg, V14-W13
Löffelbeckweg, X13
M
Metzkausener Straße, X13
Meurersmorp, W14-X14
N
Nelkenweg, X13
Nietzschestraße, W13
Nösenberg, W15-X15
O
Oben Erdelen, W12
Odenwaldstraße, X13-X14
P
Parkstraße, X13
Peckhauser Straße, X13-X14
R
Raabestraße, X13
Ratinger Straße, W12-X13
Rhönstraße, X13
Rilkestraße, X13
Roseggerweg, X12
Rosenweg, X13
S
Sauerlandweg, X13
Schellscheidtweg, U12-W11
Schwarzwaldweg, X13-X14
Spessartstraße, X13
Spessartweg, X13
Steinesweg, W14-X14
Stifterstraße, X14
Stintenberger Straße, X13
Stormstraße, X12-X13

Mülheim

Stübbenhauser Straße, X14
Südring, X14-X16
T
Taunusweg, X13
Theodor-Körner-Weg, X13
Thomas-Mann-Straße, X12-X13
Tulpenweg, X13
U
Uhlandstraße, X12-X13
Ulmenweg, X14
V
Veilchenweg, X13
W
Wandersweg, X15
Weidenweg, X14
Weiermannsbuschweg, X13
Westerwaldweg, X13-X14
Wielandstraße, X13
Wilhelm-Busch-Weg, X13
Wollenhausweg, X13
Z
Zu den vier Flöthen, X13
Zum Steineshof, W14

Mülheim
A
Am Biestenkamp, T1
Am Brunnen, Q1
Am Damm, U1-V1
Am Entenfang, N1-O1
Am Est, R2
Am Golfplatz, Q1
Am Haubach, P2-Q2
Am Mühlenhof, Q1-R1
Am Stoot, T1-T2
An der Lohe, S1
August-Thyssen-Straße, T1-V3
B
Bauordenweg, T1
Blaspillerweg, S1
Brucher Hof, R1
Buschweq, P1
D
Durch die Aue, U1
E
Erzweg, R1
F
Fliednerweg, Q1-R1
G
Glückaufstraße, Q1-R2

Mülheim

H
Hantenweg, R2
Haselweg, P1
Heidendoren, S1-T1
I
Im Hülgrath, P2-P4
K
Karl-Forst-Straße, Q2-R2
Kastanienallee, R2
L
Leinpfad, U1
Lintorfer Straße, Q1-R1
M
Markscheiderhof, Q1-R1
Mintarder Berg, S2-T2
Mintarder Dorfstraße, T1
Mintarder Höfe, T1
N
Nachbarsweg, N1-P1
S
Sachsensiedlung, T1
Schäfershäuschen, Q1
Schaumbeckstraße, T1
Steinderforst, O1-P1
Stockweg, O2-R2
Stooter Straße, R2-S2
W
Wedauer Straße, P1-Q2
Weidmannsheil, P1-Q1

Monheim

A
Akazienweg, T30
Alfred-Delp-Straße, T29
Alte Schulstraße, S32-T32
Altleienhof, T29
Am Driesch, T32
Am Grafacker, T32
Am Hagelkreuz, T30
Am Hang, T31-T32
Am Kielsgraben, T31
Am Kieswerk, U32
Am Mühlenhof, T32
Am Sanderhof, T29
Am Sportplatz, T30-U30
Am Steg, T32
Am Vogelort, S32
Am Wald, U32-V32
Am Wasserloch, T29
Am Werth, S32
Amselweg, U32
An d'r Kapell, T32
An der Alten Ziegelei, V32

Monheim

An der Aue, S29
An der Dorfstraße, S29-S30
An der Tongrube, V32
Anna-Seghers-Straße, T29-U30
Auf dem Kamp, T32
Auf dem Maiskamp, S30
Auf'm Hofacker, S29
Auf'm Kostenkamp, S29
B
Badgasteiner Weg, U29
Baumberger Chaussee, U30-U32
Beethovenstraße, U32
Benrather Straße, T29-U30
Berghausener Straße, T30-X28
Berliner Platz, T32
Bertha-von-Suttner-Straße, T29
Biesenstraße, T32
Birkenweg, T30
Böttgerstraße, T31-U31
Bonhoefferstraße, T29
Borsigstraße, T30-U30
Bregenzer Straße, U29
Brombeerhecke, T31-T32
Brucker Weg, U29
Brucknerstraße, U32
C
Carlo-Mierendorff-Straße, T29
D
Dachsbau, U32
Daimlerstraße, T31
Deichstraße, S30-T30
Deusserstraße, U31-U32
Distelweg, T29
Drehwanstraße, S32
Dürerweg, U31
Düsselweg, S32-T32
E
Edisonstraße, T31
Eisenstädter Straße, U29-U30
Elsa-Brandström-Weg, T29
Elsterweg, U32
Eschenweg, T30
F
Falkenstraße, T32-U32
Fasanenweg, T32-U32
Fichtestraße, T29
Finkenweg, U32
Fliederweg, T30
Fontanestraße, T29
Franz-Böhm-Straße, S32
Freiheit, S32
Fröbelstraße, T30
Frohnkamp, T32

Monheim

Frohnstraße, T32
Fuchspfad, U32
G
Gachelsweg, T29
Gänseweg, T32
Garather Weg, T28-T29
Gartenstraße, S32
Gartzenweg, T32
Geschwister-Scholl-Straße, T28-T30
Ginsterweg, T30
Gißlenberg, T29
Gluckstraße, U32
Goldregenweg, T30
Grabenstraße, S32-T32
Grazer Straße, U29-U30
Grenzstraße, U29-U30
Griesstraße, S29-T30
Gutenbergstraße, U30
H
Habichtstraße, T32
Haferbuckel, T32
Hamberg, T29
Hasenstraße, T32-U32
Hauptstraße, S29-T30
Haydnstraße, U32
Hegelstraße, T29
Heideweg, T29
Heinrich-Späth-Straße, T32
Helene-Lange-Straße, T30-U30
Helene-Stöcker-Straße, T30
Helene-Wessel-Weg, T32
Hermann-Löns-Straße, T29
Holbeinstraße, T31
Holunderweg, T30
Holzweg, T29-U28
Humboldtstraße, T29-T30
I
Igelweg, U32
Iltisstraße, U32
Im Rennenkamp, S29-T29
Im Sträßchen, S29-T29
Innsbrucker Straße, T29-U29
J
Jahnstraße, T32
Julius-Leber-Straße, T29
K
Kantstraße, T29
Kapellenstraße, S31-S32
Kapfenberger Weg, U29
Kirchgäßchen, S32
Kirchkuhle, T29
Kirchstraße, S32-T32
Kitzbüheler Weg, U29

Monheim

Klagenfurter Straße, U29
Klappertorstraße, S29-S30
Knipprather Straße, T32-U31
Körnerstraße, T32
Kradepohl, S32
Kranichstraße, T32
Kranzberg, S29-T29
Kremser Weg, U29
Kreuzkämpchen, T29
Kreuzstraße, S29-T29
Krischerstraße, T31-T32
Krummstraße, S32-T32
Kufsteiner Weg, U29
Kurze Straße, T32
L
Landecker Weg, T29-U29
Leiblweg, U31
Leibnizstraße, T30
Leienstraße, T29-T30
Lerchenweg, T32
Liebermannweg, U31
Lindenplatz, T32
Lindenstraße, T32
Linzer Straße, U29
Lisztstraße, U32
Lottenstraße, S32-T32
Ludwig-Richter-Weg, U31
M
Marderstraße, U31-U32
Maria-Montessori-Straße, U30
Martin-Buber-Straße, T29
Maximilian-Kolbe-Weg, T31-T32
Meisburgstraße, S32-T32
Meisenstraße, S29
Menzelweg, U31
Mittelstraße, T32
Monheimer Straße, T30-T31
Moosweg, T29
N
Nelly-Sachs-Straße, T30-U30
Neustraße, T32
Niederstraße, T31-U31
Noldeweg, U31
Nord-Süd-Straße, U32
O
Opladener Straße, T32-V32
Oranienburger Straße, T32-U32
Ottilie-Baader-Weg, T30
P
Paul-Lincke-Straße, U32
Peter-Hofer-Straße, S29
Pörtschacher Weg, U29
Poetengasse, S32
Poststraße, T32

Monheim

R
Rabenstraße, U32
Radstädter Weg, U29
Rathausplatz, T32
Regerstraße, U32
Rehwechsel, U32
Reiherstraße, T32
Rembrandtstraße, T31-U31
Rheinsträßchen, S29
Rhenaniastraße, T31-T32
Ricarda-Huch-Weg, T30
Robert-Bosch-Straße, U30
Robert-Stolz-Straße, U32
Rubensstraße, U31-U32
Ruster Weg, U29
S
Salzburger Straße, U29
Sandstraße, T30-U30
Schallenstraße, S29
Schellberg, T30
Schellingstraße, T29
Schießhecke, T31-T32
Schildgesgasse, S32
Schladminger Weg, U29
Schlegelstraße, T29-T30
Schlehenweg, T29
Schleiderweg, V32
Schopenhauer Straße, T29
Schubertstraße, U32
Schumannstraße, U32
Schwalbenstraße, T31-T32
Schwanenstraße, S30-T30
Schwindstraße, U31
Seefelder Weg, U29
Siedlerstraße, U29-U30
Siemensstraße, U31
Sperberstraße, T32-U32
Spittaler Weg, U29-U30
Starenweg, U32
Stauffenbergstraße, T28
Steinstraße, T32
Storchenweg, T32
T
Tannenstraße, T32
Thomasstraße, S29-T29
Turmstraße, S32
U
Uferweg, S29
Ulmenweg, T30
Ulrich-von-Hassell-Straße, T28-T29
Unter der Schmiede, S29-S30
Unterm Dorfgarten, S29
Urdenbacher Weg, S28-S29

Neuss

V
Vereinsstraße, T32
Verresberger Straße, T29
Villacher Weg, U29
Von-Ketteler-Straße, T30
W
Wachtelstraße, U32
Wannesstraße, S29
Weberstraße, U32
Weißdornstraße, T30
Wiener Neustädter Straße, U29-U30
Wilhelm-Leuschner-Straße, T29
Wolfhagener Straße, U29
Wolfstraße, U32
Z
Zollstraße, S32

Neuss
A
Abteiweg, G23-H23
Ackerweg, G27-H27
Adlerstraße, H26-I26
Adolf-Flecken-Straße, E20-F20
Adolfstraße, D19-E20
Aggerstraße, I24
Agruppweg, G22
Ahornstraße, H29
Ahrstraße, I24-I25
Akazienweg, H29-I29
Albert-Schatz-Straße, D25
Albert-Schweitzer-Straße, J27
Albertus-Magnus-Straße, J27
Alemannenstraße, E20
Alex-Schmorell-Straße, F25
Alexianerplatz, G21-G22
Alfred-Delp-Straße, F25
Alfred-Pierburg-Straße, F18
Aloysiusstraße, J26
Alte Aachener Straße, E22
Alte Hauptstraße, I28
Alte Uferstraße, G27
Altebrücker Straße, I28-J27
Am Alten Bach, J27-J28
Am Alten Sportplatz, D24
Am Alten Weiher, F21
Am Backes, G27
Am Baldhof, E22-E23
Am Blankenwasser, I24-K25
Am Bollenberg, L24-L25
Am Clemenshof, C19-C20
Am Derikumer Hof, I24
Am Deußhof, F25
Am Dormannsbusch, J23

Neuss

Am Dreieck, I28-I29
Am Driesch, E27
Am Erprather Weg, E25-F25
Am Flachshof, D18
Am Friedhof, B23-B24
Am Fuchsberg, K25-K26
Am Goldberg, I24-J25
Am Goldmorgen, F26-G27
Am Hagelkreuz, G26
Am Hasenberg, D19
Am Heiligenhäuschen, E24-E25
Am Henselsgraben, J27
Am Hochofen, G18-H17
Am Hohen Weg, E18-E19
Am Hummelbach, G26-G27
Am Josefshaus, I28
Am Jostensbusch, D19
Am Kapellchen, H27
Am Katzenberg, D18-E19
Am Kaulacker, J27
Am Keutenhof, E22-F21
Am Kirchberg, G27
Am Kirschbäumchen, F25
Am Kivitzbusch, D19
Am Kiwittenberg, L24
Am Königsmorgen, G20
Am Konebusch, G26
Am Konvent, F20
Am Kotthauserweg, E18-E19
Am Krausenbaum, E22-F22
Am Kreitz, C24
Am Kreuzfeld, L25
Am Kruchensbusch, D20-E20
Am Leuchtenhof, C19
Am Lindenplatz, F25
Am Margaretenbusch, D18
Am Nierholz, G26-G27
Am Norfbach, I27-I28
Am Obertor, F21-G21
Am Palmstrauch, F25
Am Pappelwäldchen, D18
Am Reckberg, L23-L24
Am Rindergraben, I29
Am Römerbad, H22
Am Römerlager, I22
Am Römerweg, H27
Am Röttgen, J23
Am Rohlesbusch, F26-G26
Am Sandberg, E24-E25
Am Sandhof, I24
Am Schwarzen Graben, H28-H29
Am Selikumer Weg, E24-E25
Am Spienhauer, F26-G26

Neuss

Am Sporthafen, H22-I22
Am Stadtarchiv, F21
Am Stadtwald, C19-E21
Am Steinacker, I27-J27
Am Stock, B17
Am Strauchbusch, E17-E18
Am Strickmorgen, F22
Am Südpark, E23-F23
Am Vogelbusch, I28
Am Weberholz, G26-G27
Am Werrespädchen, J27
Am Weyerskamp, D18
Am Wolfsbruch, I23
Am Zeechenplätzchen, D25-E24
Am Ziegelofen, F25
Am Zollhafen, F20
Amselstraße, E24
Amsterdamer Straße, H24
An der Barriere, E24
An der Eiche, I23-J23
An der Erftmündung, I22-I23
An der Hammer Brücke, G20-H20
An der Hecke, B19-B20
An der Katzenkaule, J27
An der Kreuzhecke, G25
An der Laage, G27
An der Maar, B24-B25
An der Münze, F21
An der Norf, I24-I25
An der Obererft, F21-F22
An der Rehhecke, C19-D19
An der Schleppbahn, E24-E25
An der Synagoge, F21
Annabergstraße, E25
Anne-Frank-Straße, F25
Annostraße, D19-D20
Anton-Kux-Straße, G21
Arembergstraße, J23
Arndtstraße, F22
Asternstraße, E24
Auf dem Berg, B20-C20
Auf den Stöcken, E27-F27
Auf der Heide, C19-C20
Auf'm Kamp, D18
Augustastraße, E20-E21
Augustinusstraße, G21
Aurinstraße, F24
Azalienstraße, E23-E24

B
Bachstraße, E17
Bahnhofstraße, D24-D25
Bahnstraße, I25
Bataverstraße, E18-F15

Neuss

Batteriestraße, F20
Bauerbahn, C20-C22
Bedburger Straße, H24-I24
Beethovenstraße, E17
Begonienweg, H29
Behringstraße, D22-E22
Bendweg, L25
Benediktweg, C24-D24
Benzstraße, C17-C18
Bergerweg, C26
Berghäuschensweg, G22-H25
Bergheimer Straße, E27-F21
Berliner Platz, E19
Berliner Straße, E25
Bernhard-Letterhaus-Straße, G25
Bernhard-Lichtenberg-Straße, G25-G26
Besenbinderweg, F26
Bettikumer Dorfstraße, G26-H26
Bettikumer Feldstraße, H26
Bettikumer Flurstraße, H26
Bettikumer Grund, G27-H26
Bettikumer Kampweg, G26-G27
Bettikumer Straße, G27
Bickenbachstraße, D18
Bickhausener Straße, B23
Birkenstraße, E24-F24
Birkhofstraße, B24
Birkweg, H25
Bismarckstraße, E21
Blankenheimer Straße, H24-I24
Blausteinsweg, D24-E24
Bleichgasse, F20
Bleichstraße, F20
Blindeisenweg, K24-K25
Blücherstraße, F19
Bockholtstraße, E18-F18
Böcklerstraße, D18
Böhmerstraße, D18
Bongertweg, L25
Bonner Straße, I22-L25
Bootsgäßchen, D25
Borsigstraße, J25
Boschstraße, C17-C18
Boventhalweg, C25
Brabanter Straße, D18
Brahmsstraße, E17
Brandenburgstraße, D19
Brandgasse, F20
Breite Straße, E20-F21
Breitgasse, E21-F21
Breslauer Straße, H20
Broichstraße, D19
Brombeerweg, H29

Neuss

Brucknerstraße, E17
Brücke, C17-C18
Brückerfeldstraße, C18-D18
Brückstraße, F21
Brüsseler Straße, H24
Brunnenstraße, H28
Buchenstraße, I29
Buchsbaumstraße, H29
Büchel, F20-F21
Bücheresweg, H25
Büdericher Straße, F18-F19
Büttger Straße, E20-F21
Burggraben, F20
Burgstraße, H25
Burgunderstraße, E20
Burgweg, F25
Buscherhofstraße, B24-B25
Buschhausen, C19-D19
Buschstraße, E20
Bussardweg, J24
C
Calvinstraße, E25
Carl-Diem-Straße, E23
Carl-Schurz-Straße, G21
Carl-Sonnenschein-Straße, G25
Carlo-Mierendorff-Straße, G25
Carossastraße, F22
Chalonsstraße, H24
Christian-Schaurte-Straße, C18
Christian-Walter-Heye-Weg, E24-E25
Christoph-Probst-Straße, F26
Christophorusstraße, M24
Chrysanthemenstraße, E24
Clarenbachplatz, D18
Clarenbachstraße, D18
Claudiusstraße, H22-I22
Collingstraße, F20
Corneliusweg, G23-G24
Cranachstraße, G23
Cyriakusplatz, I23
Cyriakusstraße, I23
D
Dahlienstraße, E24
Daimlerstraße, C18-D17
Dammweg, J23
Danziger Straße, F19-G20
Dechant-Hess-Straße, J23
Deichstraße, M24
Delrather Straße, H25-I25
Derendorfweg, G20-H20
Derikumer Weg, J23
Deutsche Straße, E21
Deutschordensstraße, J23

113

Neuss

Deutzer Straße, J23
Dieselstraße, I25-J25
Dietrich-Bonhoeffer-Straße, G25
Dietrichstraße, H22
Donaustraße, I25-J25
Dormagener Straße, L25
Dreikönigenstraße, F22
Drosselstraße, E24-E25
Droste-Hülshoff-Straße, F22
Drususallee, E21-F21
Dürerstraße, F23-G23
Düsseldorfer Straße, F18-F20
Düsselstraße, I25
Duisburger Straße, F19-G20
Dunantstraße, H22
Dycker Straße, B23
Dyckhofstraße, F19
E
Eckenerstraße, F18
Edelweißweg, H29
Eggenhofstraße, C17
Ehrlichstraße, E22
Eibenweg, H29
Eibischstraße, F24
Eichenallee, H26-I26
Eichendorffstraße, F22
Eichenstraße, I29
Einsteinstraße, D22-E22
Eintrachtstraße, D20-E20
Eisenstraße, D24
Elbestraße, I25-J25
Elbinger Straße, H25-H26
Elisabethstraße, G27
Elisenstraße, F20
Elvekumer Feldstraße, J26-J27
Elvekumer Flurstraße, J26
Elvekumer Weg, I24-J23
Emsstraße, I24-I25
Engelbertstraße, D20-E19
Enzianstraße, F24
Eppinghovener Straße, D25-E25
Erasmusstraße, E24-F24
Erftstraße, F20-F21
Erich-Hoepner-Straße, G25
Erich-Klausener-Straße, G25
Erikaweg, H29
Erlenstraße, H29
Erlenweg, E24-F24
Erprather Straße, E24-F25
Eschenweg, I29
Eselspfad, C20-E23
Espenstraße, H29-I29
Europadamm, F21-H21

Neuss

Euskirchener Straße, H24-I24
F
Falkenweg, J24
Farnweg, H29
Fasanenstraße, B23
Feldstraße, C23
Felkestraße, D22
Feltenstraße, G22
Fesserstraße, E19
Feuerbachweg, I26
Feuerdornweg, I29
Fichtestraße, E21
Finkenstraße, E24
Fischerstraße, D19
Fliederstraße, H29
Fliederweg, H22-H23
Florastraße, F21
Floßhafenstraße, G18-G20
Flurstraße, C18
Föhrenplatz, H29
Föhrenstraße, H29-I29
Föhrenweg, H29
Fontanestraße, F21-F22
Forumstraße, K24
Frankenstraße, D19-E20
Franz-Bender-Straße, E27
Franz-Kellermann-Weg, E21
Franz-Leuninger-Straße, G25
Franz-Pascher-Straße, I27
Franz-Werfel-Weg, I26
Franziskusstraße, M24
Freiheitsstraße, D19-D20
Freithof, F21
Friedensstraße, D19-E19
Friedhofstraße, D25
Friedhofsweg, H28
Friedrich-Ebert-Platz, F21
Friedrich-von-der-Schulenburg-, G25
Friedrichstraße, F21
Fringsstraße, F21
Fritz-Gerlich-Straße, F25
Fröbelstraße, I22
Fuggerstraße, L25
Further Straße, D20-E20
Furtherhofstraße, D18
G
Gagelweg, H22
Galgenberger Weg, G22-G23
Gartenstraße, E20-E21
Gaußstraße, E22
Geibelstraße, I25
Gell'schestraße, D25
Georg-Bauer-Straße, C18

Neuss

Gepaplatz, H22
Geranienstraße, E23
Gereonstraße, G26-G27
Gerhard-Hoehme-Allee, G24
Gerhart-Hauptmann-Weg, I26
Germanicusweg, G22
Geulenstraße, D19
Gielenstraße, E20-E21
Giererstraße, H28-I28
Gillbachstraße, F25
Ginsterweg, H22
Gladbacher Straße, D18-F17
Glehner Weg, B22-E21
Glockhammer, F20
Gnadentaler Allee, G22-H23
Gnadentaler Weg, G22
Gneisenaustraße, F19
Görlitzer Straße, H20
Görresstraße, D21
Goethestraße, F22
Goetheweg, G27
Gohrer Straße, F25
Gohrerberg, G27
Goldlackweg, H29
Goldregenweg, H23
Gotenstraße, E19
Gottfried-Benn-Weg, I26
Grabenstraße, I27-J27
Graf-Landsberg-Straße, F18
Graf-Schaesberg-Straße, I28
Grafenstraße, D27
Grefrather Weg, D22-E22
Grevenbroicher Straße, F25-F26
Grillparzerweg, I26
Grimlinghauserbrücke, H22-I22
Grüner Weg, G23-H22
Grünewaldstraße, F23-G24
Grünstraße, F21
Gruissem, C27
Grupellostraße, I25
Gutenbergstraße, E20

H

Händelstraße, E17
Hafenstraße, F20
Hagebuttenweg, H22
Hahnenstraße, H26-H27
Hahnenweg, F25-G24
Hainbuchenweg, H22-H23
Hammer Brücke, H20
Hammer Landstraße, F21-H20
Hammfelddamm, G21
Hammfeldweg, G21
Hamtorplatz, F21

Neuss

Hamtorstraße, F21
Hamtorwall, F20-F21
Hansastraße, F19-G20
Harbernusstraße, D26-E27
Hardenbergstraße, J27
Harffer Straße, H24-I24
Haselnußweg, I29
Haselweg, H23
Hauptstraße, D25
Havelstraße, I24
Haydnstraße, E17
Hebbelstraße, F21
Heckenweg, D26-D27
Heerdter Straße, F18-F19
Heerdterbuschstraße, F18-G18
Hegelstraße, J27
Heidelbeerweg, H29
Hein-Minkenberg-Straße, D19
Heinestraße, F22
Heinsberger Straße, D20-E21
Hellersbergstraße, G21
Helmholtzstraße, E22
Helpensteiner Kirchweg, E27-F27
Hemsfurter Weg, E25-F25
Herbergstraße, D25
Herbert-Karrenberg-Straße, E21-F21
Herderstraße, F22
Heribertstraße, J23
Hermann-Cossmann-Straße, E28
Hermann-Hesse-Weg, I26
Hermann-Klammt-Straße, E18
Hermannsplatz, E20
Hermannstraße, E20-E21
Hertzstraße, E22
Herzogstraße, I23
Hesemannstraße, E21
Hessenstraße, F21
Hessentordamm, F21
Hildegundisstraße, E18
Himbeerweg, H29
Himmelsberger Weg, K24-L24
Hindenburgplatz, D25
Hochstadenstraße, F26-F27
Hochstraße, F21
Hölderlinstraße, F22
Hofstraße, J26
Hoistener Schulstraße, G27
Hoistener Straße, F25-F26
Holbeinstraße, J27
Holunderweg, H22-H23
Holzbüttgener Straße, C19-C20
Holzbüttgener Weg, B19-C19
Holzheimer Weg, E23-F22

Neuss

Hombroicher Straße, E27
Horremer Straße, J27-K28
Horster Straße, B23
Hubertusweg, F23-F24
Hülchrather Straße, F25-F26
Hürtgener Straße, E22
Hüsenplatz, I23
Hüsenstraße, I23
Hüttenstraße, F25
Humboldtstraße, H22
Hymgasse, F21
I
Ikegamistraße, G21
Illinghauser Weg, J27
Im Bettikumer Busch, H27
Im Birkenbusch, B24
Im Böxfeld, B23
Im Brühl, E18
Im Gleisdreieck, E18-F18
Im Hawisch, H27
Im Hexfeld, E18
Im Hufeisen, F27
Im Jagdfeld, D22-E21
Im Kamp, G26
Im Klosterfeld, G22-G23
Im Melchersfeld, G23
Im Niederfeld, D19
Im Oberfeld, G23-H23
Im Püllenkamp, C18-C19
Im Rethkamp, I28
Im Rott, E27-E28
Im Rottfeld, B18-C17
Im Tal, E19
Im Taubental, J24-K24
Im Winkel, F27
In der Hött, G27
In der Huppertslaach, E21-E22
Industriestraße, F20
Irisstraße, E24
Isarstraße, I25-J25
Isselstraße, I24-I25
Ittenbachstraße, G23
Itterstraße, I24
J
Jaegersstraße, E20
Jagenbergstraße, J24-K24
Jahnstraße, E21
Jakob-Herbert-Straße, I23
Jakob-Kaiser-Straße, I28
Jakob-Weitz-Straße, E27
Jasminweg, H22-H23
Jean-Pullen-Weg, F22
Jenaer Straße, D25-E25

Neuss

Jesuitenhof, F21
Johanna-Etienne-Straße, I23-J23
Johannes-Bugenhagen-Straße, L25
Johannesstraße, M24
Josef-Kohlschein-Straße, E28
Josef-Kuchen-Straße, D18
Josef-Schmitz-Straße, I28
Josef-Urbach-Straße, E28
Josef-Wirmer-Straße, F26-G26
Josefstraße, E20
Jostenallee, D19
Jülicher Landstraße, E22-E23
Jülicher Straße, F21-F22
Julius-Leber-Straße, G25-G26
K
Kaarster Heide, B17-C18
Kaarster Straße, B17-D18
Kaiser-Friedrich-Straße, E21-F21
Kamberger Weg, D22
Kamillianerstraße, D21
Kampweg, L25
Kanalstraße, E21-F21
Kanonichenweg, B20-C20
Kantstraße, F22
Kanutenstraße, D25
Kapellener Straße, C27-D25
Kapellenweg, J26
Kapitelstraße, E20
Karl-Goerdeler-Straße, F25
Karl-Kux-Weg, I29
Karl-Schorn-Straße, D19
Karlstraße, F26-F27
Karolingerstraße, E20
Kastanienweg, I26
Kastellstraße, F20
Kasterstraße, I22-I23
Keltenstraße, E19-E20
Kettelerstraße, E19
Kiefernstraße, B23
Kiefernweg, H29
Kieselstraße, D24-D25
Kirchfeldweg, B23-B24
Kirchkampweg, C19
Kirchstraße, E21-F21
Kirchweg, I23
Klara-Fey-Straße, D21-E21
Klarissenstraße, F21
Kleiststraße, I25-I26
Klever Straße, D20
Klopstockstraße, F22
Klostergasse, F21
Klosterstraße, C24-D24
Knechtstedener Straße, F25

Neuss

Kneippstraße, D22
Koblenzer Straße, L25-M27
Kölner Straße, G22-H22
Koenenstraße, G22-H22
Königsberger Straße, G19-G20
Königstraße, E20-F20
Körnerstraße, F22
Kolpingstraße, E19
Koniferenstraße, H29-I29
Konrad-Adenauer-Ring, D20-E22
Konradstraße, G22-H22
Konstantinstraße, H22
Kopenhagener Straße, H24
Krämerstraße, F20
Kranichstraße, I25-I26
Krefelder Straße, E20-F20
Kreitzer Straße, C24-D24
Kreitzweg, C24-D25
Kreuzstraße, G27
Kringsstraße, H27-H28
Krokusstraße, E24
Kruppstraße, I25-J24
Krurstraße, E21
Küpperstraße, I23
Kuhweg, J23-K24
Kurt-Huber-Straße, F25
Kurze Straße, E20

L

Lärchenweg, I29
Lahnstraße, I24-I25
Lange Hecke, A17-C18
Langemarckstraße, G20
Langenbachstraße, E21-E22
Lanzerather Buschweg, B23-C23
Lanzerather Dorfstraße, C23
Lanzerather Feldstraße, C22-C23
Lanzerather Straße, B23-C23
Lauvenburger Straße, C18
Lechenicher Straße, H24-I24
Lechstraße, I24
Leibnizstraße, J27
Leipziger Straße, D25
Lenbachstraße, I25
Leo-Wenke-Straße, D19
Leostraße, E19
Lerchenstraße, E24
Lessingplatz, I26
Lessingstraße, F22
Leuschstraße, F17-F18
Liebigstraße, E22
Liedberger Straße, B23
Liedmannstraße, F21
Liegnitzer Straße, H25-H26

Neuss

Ligusterweg, I29
Lilienstraße, E24
Lindberghstraße, F18
Lindenplatz, F25
Lindenstraße, H29-I29
Lindenweg, B26-C25
Lingeweg, D25
Linneplatz, F24
Lippestraße, I25
Lisztstraße, E17-E18
Liviusweg, G22
Löhrerstraße, H22
Lörickstraße, F21
Lövelinger Straße, D23-D24
Lövelinger Weg, D23-E22
Lohstraße, G27
Londoner Straße, H24
Longericher Straße, J26
Lorbeerstraße, H26
Lorbeerweg, F24
Lortzingstraße, J27
Lothringer Straße, D19-D20
Lucas-Bols-Straße, E17
Ludwig-Beck-Straße, G25
Lübisrather Straße, F27
Lüttenglehner Straße, A24-C24
Lützowstraße, E21-E22
Lupinenstraße, F23-F24
Lutherstraße, E24-E25

M

Maasstraße, H27-I28
Maastrichter Straße, D21
Macherscheider Straße, M24-M25
Magnolienweg, H22-H23
Mahonienweg, I26
Mainstraße, I25-J26
Malvenweg, H29
Manfred-Hausmann-Weg, H26-I26
Margeritenstraße, I29
Marienburger Straße, C18
Marienkirchplatz, E20
Marienstraße, D20-E20
Markt, F21
Martin-Buber-Straße, I28
Martinstraße, D25
Martinusstraße, L24-M24
Maternusstraße, G26
Matthiasstraße, M24
Maximilian-Kolbe-Straße, F25-G25
Maximilianstraße, D24
Mecklenburgstraße, D19
Meererhof, F20
Meertal, G22

Neuss

Melanchthonstraße, E25
Melissenstraße, F24
Memeler Straße, G20
Mendelstraße, D22
Mergelsweg, A25-B25
Merkurstraße, D21
Merowingerstraße, D20
Mexikostraße, D25
Michaelstraße, F21
Minzstraße, E24-F24
Mittelstraße, H25-I25
Mörikestraße, F22
Mohnstraße, F24
Moltkestraße, E21
Mommsenstraße, I27-J27
Moselstraße, E22-E23
Mozartstraße, E17
Müggenburgstraße, H25-H26
Mühlenbachstraße, C18-D17
Mühlenbuschweg, I28-I29
Mühlenpfädchen, E25
Mühlenstraße, F21
Münchener Straße, D25
Münsterplatz, F20
Münsterstraße, F20

N
Nachtigallenstraße, E24
Nahestraße, I25
Narzissenstraße, E24
Neckarstraße, I24
Neißestraße, I24
Nelkenstraße, E24
Nettestraße, I24-I25
Neuenbaumer Straße, J27
Neuenberger Straße, I28-I29
Neuenberger Weg, J28-J29
Neukirchener Straße, G29-I29
Neumarkt, F20
Neusser Landstraße, I26-J27
Neusser Ring, G22-H21
Neusser Weyhe, D19-E19
Neustraße, F21
Nibelungenstraße, D18-D19
Niederdonker Weg, E17
Niederrheinstraße, B22-B23
Niederstraße, F20
Niederwallstraße, F20
Nierenhofstraße, E24-F24
Niersstraße, I24
Nievenheimer Straße, I25-I26
Nikolaus-Gross-Straße, G25-G26
Nikolaus-Otto-Straße, C18
Nissanstraße, L25

Neuss

Nixhütter Weg, F24-H22
Nordkanalallee, F21-G21
Nordparkweg, D19
Nordstraße, D25-E24
Norfer Kirchstraße, H25
Norfer Schulstraße, H25-I25
Norfer Straße, H24-I23
Norfer Weg, L24-L25
Normannenstraße, E18-E19
Nußbaumweg, H29

O
Oberster Blechweg, L23-M24
Oberstraße, F21
Obertorweg, G20-H21
Oderstraße, I24
Oellersstraße, C18
Oleanderstraße, H29
Olympiasiegerstraße, D26
Olympiastraße, E21
Osterather Straße, E18
Otto-Wels-Straße, F25

P
Pannesstraße, D24-D25
Pappelweg, I29
Paracelsusstraße, E22
Pariser Straße, H24
Parkstraße, E21-F21
Pastor-Bredo-Straße, D21
Pastor-Doppelfeld-Platz, E24
Pestalozzistraße, I23
Peter-Loer-Straße, D19
Peter-Wilhelm-Kallen-Straße, F21
Pfarrer-Klinker-Straße, D18
Pfeifenbäckerstraße, G27
Pilgramstraße, G27
Pinienweg, I29
Plankstraße, D19-E20
Platanenweg, I29
Platz am Niedertor, F20
Platz der Deutschen Einheit, F21
Pliniusweg, G22
Pollenderstraße, E21-E22
Pommernstraße, D19
Pomona, F22-F23
Porschestraße, D18
Poststraße, D25-E25
Potsdamer Straße, D24-D25
Preußenstraße, D22-E21
Promenadenstraße, F21
Pützstraße, J23

Q
Quaxpfad, D20-D21
Quienheimer Straße, J23
Quirinusstraße, F20-F21

Neuss

R
Raabestraße, I25-I26
Raiffeisenstraße, I28
Rampenstraße, D24
Rankestraße, J27
Ratsweg, D24
Regattastraße, D25
Reichenspergerstraße, D21
Reistorffweg, I23
Rembrandtstraße, G23
Rennbahn, G21
Reuschenberger Straße, D25-E25
Reuschenberger Weg, F22-G23
Rheinallee, H20
Rheinfährstraße, L25-M24
Rheinfelder Straße, L25
Rheinstraße, F20
Rheintorstraße, F20
Rheinuferstraße, I22-I23
Rheinwallgraben, F20
Rheydter Straße, B21-E20
Ricarda-Huch-Weg, H26-I26
Richterstraße, J27
Ridderstraße, E21
Riedstraße, E20
Riemenschneiderstraße, J27
Rilkestraße, I26
Ringbahnstraße, G18
Ripgeshofstraße, H27
Ripuarierstraße, E19-E20
Robert-Koch-Straße, E20
Röckrather Feldweg, B25
Röckrather Hauptstraße, B25
Röckrather Straße, C25
Röckrather Weg, D25
Römerstraße, D18-E20
Röntgenstraße, E20
Roermonder Weg, D21
Rohlerstraße, G26
Roisdorfer Straße, D25
Roisdorfer Weg, C25-C26
Romstraße, H23-H24
Roonstraße, E21
Roseggerstraße, H25-I25
Rosellener Kirchstraße, I28
Rosellener Schulstraße, H28-I28
Rosellener Straße, F25-F25
Rosenstraße, E23-E24
Rosmarinstraße, E23-E24
Rotdornweg, H22
Rottelsgasse, F21
Rubensstraße, F24-G23
Rüblinghover Straße, F27

Rüsterstraße, F24
Ruhrstraße, I24-J25
Rundweg, D25
Ruwerstraße, E22

S
Saalestraße, I24
Saarbrückener Straße, C18
Saarstraße, E22
Sachsenstraße, D19-E19
Salierstraße, D19
Salmstraße, B23
Salzstraße, F20
Sanddornweg, H26
Sandstraße, F25
Sauerbruchstraße, D22
Schabernackstraße, D19
Scharnhorststraße, F19
Scheibendamm, G22-H22
Schellbergstraße, I24
Schelmrather Straße, F27-G27
Schillerstraße, F22
Schirmerstraße, D19
Schlangenhofweg, D24
Schlehenweg, H22
Schlesienstraße, D19
Schlicherumer Straße, H26-I26
Schluchenhausstraße, F26
Schmiedeweg, M24
Schmolzstraße, C18-D18
Schopenhauerstraße, J27
Schorlemerstraße, E21-F21
Schubertstraße, E17
Schützenstraße, G27
Schulstraße, E20-F21
Schulweg, E27
Schumannstraße, E17
Schwalbenweg, B23-B24
Schwannstraße, E20
Schwarzdornstraße, H29
Schwarzer Weg, F23
Sebastianusstraße, F20-F21
Selfkantstraße, D20-D21
Selikumer Straße, F21-G21
Selikumer Weg, F21-G23
Siegstraße, E22-F22
Siemensstraße, J25
Simrockstraße, F21
Sonnenweg, F27
Sophienstraße, H22
Specker Straße, E27-E28
Sperberweg, J24
Spulgasse, F20
St.-Andreas-Straße, H25

Neuss

St.-Anna-Straße, D21
St.-Antonius-Straße, H26-H27
St.-Georg-Straße, M24
St.-Peter-Straße, I28-I29
St.-Pius-Kirchplatz, E22
Stahlstraße, D19
Starenweg, E24
Stauffenbergstraße, E21
Stefan-George-Weg, I26
Stefan-Zweig-Weg, I26
Stegerwaldstraße, D18
Steinhausstraße, D19-E20
Steinstraße, L24-M24
Stephanstraße, E20
Stephanusstraße, B23-B24
Sternstraße, E21-F21
Stettiner Straße, G20
Steubenstraße, E22-F22
Stiegergasse, H25
Stifterstraße, F22
Stiftsgasse, F21
Stingesbachstraße, C18-D18
Stoffelsweg, C20
Stormstraße, I25
Strandweg, J23
Stresemannallee, G21-H20
Stürzelberger Straße, H25-I25
Stüttgener Straße, L25
Sudetenstraße, D19
Südstraße, I25-I26

T

Tacitusstraße, H22-H23
Tannenstraße, H29
Tannenweg, A23-B23
Taxusweg, H26
Teutonenstraße, D20
Theodor-Heuss-Platz, E20
Theresienstraße, F25-F26
Thomas-Mann-Straße, I25-I26
Thywissenstraße, E21
Tiberiusstraße, H22-I22
Tilmannstraße, E21
Tilsiter Straße, G18-G19
Tokiostraße, D25
Tonhallenstraße, G27
Toshiba-Platz, J24
Trankgasse, F21
Trockenpützstraße, B24
Tucherstraße, K26-L25
Tückingstraße, E20
Tulpenstraße, E24

Neuss

U

Ubierstraße, D20-E20
Ückerather Straße, I28
Uedesheimer Straße, H25-I25
Uedesheimer Weg, K23
Uhlandstraße, F22
Ulmenallee, I26
Ulmenweg, I29

V

Varusstraße, G27
Veilchenstraße, E23-F23
Vellbrüggener Straße, H25-I25
Venloer Straße, D19
Vereinsstraße, D24-E25
Viersener Straße, C18-C19
Viktoriastraße, E21
Villestraße, F27-G27
Virchowstraße, E21-E22
Vockrather Straße, B24
Vogelsangstraße, E18
Vogteigasse, F20-F21
Volkrather Weg, K25
Volmerswerther Straße, J23
Vom-Stein-Platz, F21
Von-Galen-Straße, G25
Von-Holte-Straße, I23
Von-Kempis-Straße, I23
Von-Waldthausen-Straße, H25-H26
Vossenacker Straße, E22-F22

W

Wacholderweg, H22-H23
Wachtelstraße, B23
Wagnerstraße, E17
Wahlenstraße, J23
Wahlscheider Weg, L24-M24
Wakestraße, G18-G19
Waldstraße, I29
Wallrafstraße, D21-D22
Weberstraße, F22
Weckhovener Straße, F26-G24
Wehler Dorfstraße, E27-E28
Weidenstraße, D20
Weimarer Straße, D25-E25
Weingartstraße, F21-F22
Weinstockstraße, F23-F24
Weißdornweg, H23
Weißenberger Weg, E19-E20
Welderstraße, F26-G27
Welserstraße, L25
Wendersstraße, F21
Wernher-von-Braun-Straße, C17-C18
Werresweg, J23
Weserstraße, I25
Weststraße, B24-B25

Neuss

Widdenhofstraße, H27
Wierstraetweg, F20-F21
Wiesenplatz, I28
Wiesenstraße, G17-G18
Wiesenweg, I27-I28
Wilhelm-Leuschner-Straße, G25
Wilhelmstraße, D19
Willi-Graf-Straße, F26
Willy-Brandt-Ring, F18-H20
Windmühlengasse, F21
Windthorststraße, D21-D22
Wingenderstraße, E19
Wisselter Weg, I25
Wolberostraße, E20
Wolkerstraße, E19
Wupperstraße, F22
X
Xantener Straße, E18-F18
Xaver-Füsser-Straße, E28
Y
Yorckstraße, F18-F19
Z
Zedernweg, H26-I26
Zeppelinstraße, E20
Ziegeleistraße, D24-D25
Zirbelweg, I29
Zitadellstraße, F21
Zollstraße, F21
Zonser Straße, L25
Zufuhrstraße, E20
Zum Zörr, C17-D17
Zypressenweg, H29

Ratingen
A
Adalbert-Stifter-Straße, O6
Adlerstraße, V9
Agnes-Miegel-Straße, V10
Agnesstraße, O8
Ahornstraße, V10
Akazienweg, N11
Allscheidt, T6
Altdorferstraße, P10
Alte Kölner Straße, R3
Altenbrachtweg, T10-U10
Altenkamp, O4-P4
Alter Kirchweg, O8
Am Adels, U5
Am Alten Steinhaus, Q10
Am Altenhof, U5-U6
Am Benderskothen, S2
Am Biermannskothen, O8
Am Birkenkamp, Q5-R5

Ratingen

Am Brand, O4-P4
Am Brennofen, O11
Am Bruch, R5
Am Brüll, R10
Am Butterbusch, R11
Am Dickelsbach, T5-T6
Am Dickhaus, T7
Am Diepebrock, O4
Am Dorfkrug, V9
Am Ehrkamper Bruch, R3
Am Eichförstchen, O5
Am Engsberg, O4
Am Eschenhof, R9
Am Eulenberg, R9
Am Feld, S7
Am Feldkothen, O8
Am Fliegelskamp, Q5
Am Freistein, Q10
Am Fürstenberg, P4
Am Fußbein, T3
Am Gardumshof, S7
Am Gehren, O7
Am Geist, O4-P4
Am Gierath, Q5
Am Göfert, O4
Am Graben, U6
Am Gratenpoet, O7-O8
Am Grünewald, T6
Am Haarbach, P10
Am Häuschen, V8-V9
Am Hang, R10-S10
Am Heck, P5
Am Heiderhof, O8
Am Heidkamp, O7-O8
Am Heienbruch, S11
Am Heintges, P5
Am Hohen Schoppen, R10
Am Kämpchen, P5
Am Kemmansdiek, S7
Am Kessel, T2
Am Kiefernhain, R5
Am Kleinen Rahm, P11
Am Kockshof, V10
Am Kohlendey, P5
Am Kornsturm, Q9
Am Kremershof, N9
Am Krumbachskothen, P9
Am Krummenweg, R5
Am Kuckuck, S10-S9
Am Lehmberg, O11-P11
Am Lindchen, Q9
Am Löken, O5-P5
Am Oberstof, S7

Ratingen

Am Ostbahnhof, R10
Am Pannschoppen, U5
Am Pferdskamp, W10
Am Pfingsberg, S10-S9
Am Pöstchen, Q5
Am Pohlacker, P5
Am Potekamp, P5
Am Rennbaum, V5
Am Ringofen, O4-P4
Am Ritterskamp, P6
Am Roland, T5-U5
Am Rosenbaum, V9-W9
Am Rosenkothen, O7-O8
Am Röten Kreuz, O8-O9
Am Sandbach, O10-P10
Am Schimmersfeld, O9-P9
Am Schimmershof, O9-P9
Am Schlagbaum, U6
Am Schließkothen, O4
Am Schüttensdiek, P9
Am Schützenbruch, Q10
Am Schwarzbach, W10-W11
Am Seeufer, O10-O11
Am Senken, P6
Am Södrath, S2
Am Söttgen, O8-O9
Am Sondert, R5-T4
Am Sonnenhang, T7
Am Sonnenschein, P5-P6
Am Speckamp, P5
Am Sportplatz, V9-W9
Am Stadion, P10
Am Steinhaus, T6
Am Tannenbaum, U5-V4
Am Teckenberg, T6
Am Timpen, U5
Am Trinsenturm, Q9
Am Vogelsang, Q5
Am Wäldchen, W10
Am Waldfriedhof, S10
Am Waldrand, S9
Am Weiher, O6
Am Weinhaus, V9-W9
Am Westbahnhof, P10-P9
Am Wetzelshaus, T6
Am Wiedekamp, T6
Am Wilbert, R3
Ambrosiusring, O8
Amselweg, U5-V5
An den Banden, N4-O4
An den Bleichen, Q10
An den Dieken, O4-P4
An den Dörnen, N9

Ratingen

An den Hanten, Q5-R6
An den Schlothen, S2
An der Burg, U5
An der Deckersweide, T7
An der Dellen, S2
An der Fest, R9
An der Feuerwehr, V10
An der Hasper, T6-T7
An der Hoffnung, R3
An der Horst, R3
An der Kemm, R3
An der Lilie, Q10
An der Loh, Q9
An der Pönt, R3-R4
An der Renn, P6-P7
An der Schinnenburg, U6-V6
An der Schlepp, N9-O9
An der Schmeilt, P5
Anemonenweg, O10
Angerhof, P9
Angermunder Weg, N9
Angerstraße, Q9
Anna-Fohrn-Straße, P5
Anna-Schlinkheider-Straße, P10
Annabergstraße, U6
Annastraße, O8
Annette-Kolb-Straße, O6
Anton-Klein-Straße, R9
Arndtstraße, O6
Arnimstraße, O8
Arnold-Dresen-Weg, R9
Artzbergweg, X10
Asternweg, O10
Auenhof, R9
Auenweg, R9
Auf dem Brinkel, S7
Auf dem Sandfeld, R10
Auf der Aue, R9-S8
August-Prell-Straße, P5
August-Wendel-Straße, O11
B
Bachstraße, O10-P10
Backeskamp, V10
Backhausfeld, Q9
Baddenberg, R10-S10
Badenstraße, T5
Bahnhofstraße, T4-U6
Bahnhofsvorplatz, T4-T5
Bahnstraße, Q9-R10
Barbarastraße, O8-O9
Bartholomäusstraße, U6
Baulof, Q8-R8
Baumschulenweg, Q2-R2

Ratingen

Bayernstraße, T5
Beamtengäßchen, Q10
Bechemer Straße, Q10-Q9
Beeker Hof, O5-O6
Beelitzer Straße, O10
Beerenheide, R10
Beerenkothen, R10
Beethovenstraße, Q10-Q9
Behringstraße, O10
Bellscheider Weg, T6
Bendenkamp, N10-N11
Bennenbruch, N8
Benzstraße, N9-O9
Bergerschule, R8
Bergiusstraße, O10-O9
Bergstraße, R9
Berliner Platz, N10-O10
Berliner Straße, N10-O10
Bertramsweg, N9-O9
Beuthener Straße, U6
Biberweg, P5
Birkenstraße, O5
Birkhahnweg, Q9-R9
Bismarckstraße, T5-U6
Bleibergweg, O4-O5
Bleicherhof, Q10-R10
Bleichstraße, Q10-R10
Blomericher Weg, U3
Blücherstraße, O6
Blumenstraße, T6-U6
Blyth-Valley-Ring, O6-P9
Bodelschwinghstraße, P11-Q10
Boltenburgweg, U6
Borner Weg, S12-T12
Borsigstraße, O9-P9
Boschstraße, O9
Boxmaul, T3
Brachter Straße, S10-V10
Brahmsweg, U10-V10
Brandenburger Straße, N10-O11
Brandsheide, O4
Breckhauser Weg, U7-V8
Breitscheider Hof, Q3-R3
Breitscheider Weg, O5-P4
Brentanostraße, O8
Breslauer Straße, O10
Brieger Straße, O10
Broekmannstraße, O5-P5
Broichhofstraße, N11-N9
Bruchhauser Straße, U6-U7
Bruchstraße, R9-S9
Brückstraße, Q9-R9
Brügelmannweg, Q9

Ratingen

Brunostraße, Q9
Buchenhain, R5
Bunsenstraße, N10
Bussardweg, V9
C
Carl-Zöllig-Straße, S10-S9
Caspar-Strack-Weg, R9
Christinenstraße, O8-O9
Christophorusweg, R3
Clarenbachweg, U6
Conesweg, S13-T12
Cranachstraße, P10
Cromforder Allee, Q8-Q9
D
D2-Park, P9
Dachsring, U6
Dachsweg, P5
Daimlerstraße, O9
Damaschkestraße, R9-S9
Daniel-Goldbach-Straße, N9-O9
Danziger Straße, U6
Dechant-Veiders-Straße, P5
Dechenstraße, O10-P10
Diepensieper Weg, T13-U12
Dieselstraße, O10-O9
Dietrichweg, O8
Dörnenburgweg, V5
Doppenbergweg, S11-T12
Dorfstraße, V9
Dr.-Gemmert-Straße, R9
Dr.-Kessel-Straße, Q10
Dr.-Redlich-Straße, R9
Drengenburg, O8
Dresdener Straße, O10
Drosselweg, O5
Dümpelstraße, O11
Dürerring, P10
Düsseldorfer Platz, Q10
Düsseldorfer Straße, P12-Q10
Duisburger Straße, O4-O5
E
Ebereschenweg, N10
Eckampstraße, O10
Efeuweg, O10
Eggerscheidter Straße, S7-U6
Eibenweg, O10
Eichendorffstraße, O6
Eichenstraße, V10
Eickelscheid, T5
Einsteinstraße, O10
Eisenhüttenstraße, R9-S10
Elisabethstraße, O8
Elsternweg, Q9-R9

Ratingen

Engelbertstraße, P10-Q10
Erfurter Straße, N10-O10
Erich-Elsner-Weg, R9
Erlenbruch, Q10
Erlenweg, O6
Ernst-Baier-Weg, R9
Ernst-Stinshoff-Straße, T7-U7
Ernst-Tacke-Weg, O10
Eschbachstraße, Q10
Eschenweg, R5
Essener Straße, S4-U2
Eulerstraße, P10
Europaring, P10-Q10
Eutelis Platz, P9
Everskamp, S2

F
Fängerskamp, U5-U6
Falkenstraße, V9
Fasanenring, U6
Feldblick, N9
Felderhof, O11-P11
Feldstraße, R9
Fernholz, U5-U6
Fester Straße, R10-R9
Feuerdornweg, O10
Fichtenhain, R5
Fichtestraße, S9
Finkenweg, U5
Flexstraße, O8
Fliednerstraße, Q10-Q11
Flurstraße, R2
Föhrenweg, N11
Fohlenweg, P5
Fontaneweg, S9
Formerstraße, Q11-R10
Forsthaus, T5
Forsthof, N9
Franz-Rath-Platz, Q9
Freiligrathring, Q10-Q9
Friedhofstraße, Q9
Friedrich-List-Straße, R9-S9
Friedrich-Mohn-Straße, P9
Friedrich-Schubert-Straße, P5
Friedrichs Glück, P4
Friedrichstraße, O8
Friesenstraße, P10
Fritz-Windisch-Straße, P5
Fröbelweg, R9
Frommeskothen, R10-S10
Fuchsweg, T6-U6
Füstingweg, V9-W9

Ratingen

G
Gartenstraße, Q10
Geibelstraße, V10
Georgsweg, V9
Gerhardstraße, P10-Q10
Gerhart-Hauptmann-Straße, O8
Gießerstraße, Q11
Ginsterweg, O10
Glasbergweg, O11
Glatzer Weg, O10
Gleiwitzer Straße, O10
Gneisenaustr, U6
Görlitzer Weg, O10
Görsenkothen, R10
Goethestraße, Q9
Götschenbeck, P8
Götzenberg, U10-U11
Goldammerweg, V9
Goldregenweg, N11-O11
Gorch-Fock-Straße, O8
Gothaer Straße, N10
Gottfried-Keller-Straße, O6
Grabenstraße, Q10-Q9
Graf-Adolf-Straße, Q9
Grashofweg, V9
Greifswalder Straße, O10
Grenzweg, S10
Grevenhauser Weg, V10
Grevenmühle, V10-W10
Grillparzerweg, S9
Große Dörnen, N9
Grüner Weg, N9
Grütersweg, T11-T12
Grütstraße, Q9
Gustav-Mahler-Straße, P5

H
Habichtweg, U6
Hackenbergweg, S11-U11
Hagdorn, N9
Hahnerheide, S10-T9
Hahnerhof, T10-T9
Hainbuchenweg, O10
Halbenkamp, O10-P10
Halskestraße, O9-P8
Hamannstraße, V10-W10
Hans-Böckler-Straße, Q10
Hardenbergstraße, R9-S9
Harkortstraße, O8-P8
Hartriegelstraße, V10
Haselnußweg, N10
Hasenbrucher Weg, S2-U3
Hasenpfad, U6
Hasselbecker Straße, T12-U13

Ratingen

Hauser Ring, P9-Q9
Heckenweg, S7
Hegelstraße, R10-R9
Heiderweg, O8
Heiligenhauser Straße, U6-V5
Heimgart, T6
Heimsang, T6-U6
Heinestraße, O8
Heinrich-Hertz-Straße, O10-O9
Heinrich-Schmitz-Straße, O4
Heinrichstraße, O8
Heinz-Büter-Weg, R9
Hellweg, O8
Hennenbruch, S3-T2
Henricusstraße, P5
Herbartstraße, R9
Herderstraße, V10
Hermann-Stehr-Straße, V10
Herrnhuter Straße, V10
Hessenstraße, T5
Hiddenseeweg, N10
Hienenburg, P9
Hinkesforst, N6-O7
Hirschweg, P5
Hochstraße, Q9
Hölderlinstraße, O6
Hölender Weg, R8-S7
Höseler Haus, U5
Hohbeck, Q11
Hohenanger, V7-V8
Holbeinstraße, P10
Holterkamp, O8-P8
Holunderweg, O10
Homberger Sr, R10-S10
Hommerichweg, T8-T9
Hornser Weg, T12
Hortensienweg, O10
Hubert-Wollenberg-Straße, P10
Hubertushof, R9
Hubertusstraße, R9
Hülsenbergweg, P6-R6
Hülsenhäuschen, Q5
Hugo-Henkel-Straße, T5-U4
Humboldtstraße, R9
Hummelsbeck, R4

I

Igelweg, P5
Ilbeckweg, U10-V12
Ilexweg, O10
Iltisweg, P5
Im Angertal, U7-V7
Im Bergersiepen, U6
Im Grünen Winkel, Q5-R5

Ratingen

Im Hülgrath, P2-P4
Im kleinen Feld, O6
Im Kreuzfeld, O5-P5
Im Laar, Q10
Im Lörchen, Q10
Im Rott, O9
Im Sandforst, T5
Im Tal, T6
Im Weidengrund, Q10
In den Birken, R9-S9
In den Höfen, U6-V6
In der Brück, R8-R9
In der Drucht, O2-O4
In der Karpendelle, R11-R12
Ina-Seidel-Straße, O6
Industriestraße, Q10-Q11
Ingenhovenweg, Q11

J

Jacobusgasse, V9
Jägerhofstraße, O8-P8
Jahnstraße, P6
Jasminweg, N10-N11
Jenaer Straße, O10
Johann-Peter-Melchior-Straße, O5
Johanna-Flinck-Straße, P10-P11
Johannstraße, O7-O8
Josef-Schappe-Straße, R9
Junkerbuschweg, Q7-Q8

K

Kämpchenweg, T7
Käthe-Kollwitz-Straße, V10
Kahlenbergsweg, R2-T2
Kaiserberg, Q10-R10
Kaiserplatz, Q10
Kaiserswerther Straße, M9-Q9
Kalkstraße, N5-O6
Kalkumer Straße, N5-O5
Kantstraße, S9
Kapellenweg, R9
Karl-Esser-Weg, R9
Karl-Loewe-Straße, P5-Q5
Karl-Mücher-Weg, Q10
Karl-Theodor-Straße, Q10-Q9
Karlstraße, O8
Kastanienhof, Q10
Katharinenstraße, O5
Kauhausweg, S11
Kesselsströttchen, S7-T7
Kettelbecksweg, Q12-R12
Kettelerstraße, R9
Kettwiger Straße, U4-V3
Kiebitzweg, Q9
Kiefernweg, N11

Ratingen

Kieselei, T5-U5
Kirbuschweg, S11
Kirchfeldstraße, W10
Kirchgasse, Q9
Kleiberweg, Q9
Klein-Allscheid, T6
Kleine Dörnen, N9
Kleinhofweg, X10
Kleinkauhaus, S11
Kleiststraße, Q9
Klompenkamp, R9
Knittkuhler Straße, Q11-R12
Kockerscheidtweg, O10
Kölner Straße, R1-R5
Königsberger Straße, U5-U6
Kohlstraße, T5
Kolpingstraße, P10-P11
Konrad-Adenauer-Platz, O5
Kopernikusring, S9
Kornsturmgasse, Q9
Krampenhausweg, V10-W10
Kreuzbergweg, R9
Kreuzerkamp, P10
Kreuzstraße, Q9-R9
Krumbachweg, U11-U12
Krummenweger Straße, P5-R5
Kuckelter Weg, O5
Kückelswerth, V5-V6
Kullbeeksweg, Q5

L
Langenbroich, U5
Langenkamp, S3-T3
Laupendahlweg, T5
Leidlingsweg, O11
Leipziger Straße, O10
Lenaustraße, O8
Lerchenweg, Q9
Lessingstraße, Q9
Levystraße, R9
Liebigstraße, O10
Liegnitzer Straße, U6
Liesel-Waller-Straße, R9
Liethenburgweg, R11
Ligusterweg, N10
Lilienstraße, V8-V9
Lindenstraße, O5
Lingerheide, Q11
Linneper Weg, R3-S4
Lintorfer Markt, O5-P6
Lintorfer Straße, P9-Q9
Lintorfer Weg, P4-R3
Lise-Meitner-Straße, O10-O9
Lochnerstraße, P10

Ratingen

Lökesfeld, P5
Lönsstraße, O8
Lohberg, Q9
Lohgerberstr, Q10
Lohofweg, Q11
Lucie-Stöcker-Straße, R9
Luwenshof, Q9

M
Magdeburger Straße, O10
Marderweg, P5
Margaretenstraße, O8
Marggrafstraße, P11
Maria-Schmitz-Straße, P10-P11
Marienburger Straße, U6
Marienstraße, O8
Markenbusch, U6
Markenweg, Q2-Q3
Marktplatz, Q9
Marmorbruch, R11
Martin-Luther-Hof, Q9
Matthias-Claudius-Straße, O6
Maubeuger Ring, Q9
Mauerweg, R11-S12
Max-Planck-Straße, O10
Max-Scheiff-Straße, R9
Maximilian-Kolbe-Platz, O10
Meiersberger Straße, V9-X10
Meiersweg, Q10
Meisenweg, O5
Mercatorstraße, Q4-Q5
Mergelskaul, V10
Merianstraße, Q4-Q5
Mettmanner Straße, Q10-U12
Metzkausener Straße, W11-W9
Michaelsweg, V9
Miele-Platz, O9
Milanstraße, V9
Minoritenstraße, P10-Q9
Mintarder Berg, S2-T2
Mintarder Weg, R3-S2
Mispelweg, N11
Mörikestraße, O6
Morsestraße, N10-N9
Mozartstraße, U9-V9
Mühlenkämpchen, P9-Q9
Mühlenstraße, P6
Mülheimer Straße, Q9-R5

N
Nachbarsweg, N1-O1
Nachtigallenweg, Q9-R9
Neanderstraße, Q11
Neißer Straße, O10
Nelkenweg, V9

Ratingen

Nesenhaus, U6
Neu-Dellerhof, Q12-R11
Neuenlohoff, U10
Neuhaus, T6-U6
Neunerweg, O10-P10
Niederbeckweg, O11-P11
Noldenkothen, S9
Nottberg, V8
Nußbaumweg, T12-U12

O

Oberhausener Straße, O12
Oberste Linde, V9
Oberstraße, Q9
Obertor, Q9
Oeschberg, S2-T2
Offerkampweg, O9
Ohlauer Weg, O10
Oppelner Straße, O10
Ostring, V9
Oststraße, R10
Otterweg, P5
Otto-Hahn-Straße, O10

P

Papiermühlenweg, R9-S8
Pappelweg, Q5-R5
Peddenkamp, U6
Pempelfurtstraße, O9
Perkerhof, S2
Pestalozzistraße, P10
Peter-Jansen-Straße, R9
Peter-Kraft-Straße, R9
Peter-Polheim-Straße, R9
Philippstraße, P10-P9
Pirolweg, V5
Plättchesheide, P10
Platanenweg, N10-N11
Ploenniesstraße, Q5
Pommernstraße, N10
Portmannweg, R10
Poßbergweg, T12
Poststraße, Q10-R10
Preußenstraße, S5-T5
Promenadenweg, T5
Puttgardenstraße, N10

R

Raiffeisenstraße, P11-Q11
Rankestraße, O6
Ratiborer Straße, O10
Regerstraße, P5
Rehhecke, P4-Q5
Rehweg, U6
Reinaldstraße, R9
Rilkestraße, O6

Ratingen

Ringelnatzweg, Q9
Ringstraße, V9
Robert-Koch-Straße, O10
Robert-Zapp-Straße, O8-O9
Rodenbusch, S2-T2
Rodenwald, T5
Rodeskothen, R10-R9
Röntgenring, Q10
Rommeljansweg, S10-T10
Rosendalstraße, V10
Rosendalweg, V10-V11
Rosenstraße, Q9-R9
Roßbruchring, S2
Rostocker Straße, O10
Rotdorn, N9
Rotkehlchenweg, O5-P5
Rügenstraße, N10
Ruhrhöhenweg, T2-U3

S

Sachsenstraße, T5
Sanddornweg, N11
Sandstraße, P10-P9
Schacht-Georg-Weg, P5
Scheidter Bruch, O5
Scheifenkamp, O10
Scheivenkothen, S10
Schellingsstraße, S9
Schellscheidweg, U12-W11
Schillerstraße, Q9
Schlehenweg, O10
Schleiferstraße, Q10
Schlipperhaus, T5-U6
Schlippertstraße, R9
Schmiedestraße, Q10-R10
Schneeweiß, S3-T3
Schneppersdelle, V9-W8
Schöllersfeld, W9
Schönebeck, P7
Schongauerweg, P10
Schrieversweg, X10
Schützenstraße, Q10-Q11
Schumanndieken, Q4-Q5
Schumannstraße, V9
Schwalbenweg, V9
Schwarzbachstraße, Q10-R10
Schwester-Helia-Weg, P5
Seilergasse, V9
Semmlerstraße, R10
Siemensstraße, O4
Sinkesbruch, U4-V5
Soestfeld, N6-O6
Sohlstättenstraße, N9-O8
Speestraße, O5-Q5

Ratingen

Sperberweg, V9
Sperlingsweg, R9
Spindecksfeld, U6
Stadionring, P10-P9
Starenweg, O5
Steingensweg, P5
Steinhauser Straße, V10-W10
Steinhausgäßchen, Q10
Steinstraße, P5
Stendaler Straße, N10
Stichelshecke, S7-T7
Stieglitzweg, U5
Stolsheide, T6
Stooter Straße, R2-S2
Stormstraße, O8
Stralsunder Straße, O10
Straßburger Straße, P10-Q11
Süd-Dakota-Brücke, P9
Südstaße, Q10
Suitbertusstraße, P9
Swinemündeweg, N10
Synagogengasse, Q9
T
Talstraße, Q10
Tannenstraße, V10
Taubenweg, V9
Teichstraße, Q8-R9
Ten Eicken, P11-Q11
Tenterweg, P2-Q3
Termühlenweg, P5
Theo-Leuchten-Weg, N11-O11
Theo-Volmert-Weg, P6
Theodor-Heuss-Platz, Q10
Thomashofweg, T10
Thunesweg, N6-O5
Tiefenbroicher Straße, O7-P6
Turmstraße, Q9
U
Uhlandstraße, O6
Ulenbroich, P6
Ullenbeck, N9-O9
Ulmenstraße, V10
Ulmenweg, O5-O6
Usedomweg, N10
V
Vermillionring, P9
Virchowstraße, V10
Vogelbeerweg, N10-N11
Vogelsangweg, U5-V5
Vohlhauser Weg, N10
Voisweg, Q11-R10
Volkardeyer Straße, N11-P10
Vowinkelstraße, P10

Ratingen

W
Wachendorffstraße, R9
Wacholderweg, O10
Wachtelweg, U5
Wagnerstraße, U9-V9
Waldseestraße, Q4-Q5
Waldstraße, T5
Wallstraße, Q10-Q9
Waterfuhr, O11-P11
Wedauer Straße, O5
Wedenhof, O5-P5
Wehrgang, Q9
Weidenstraße, O5-O6
Weidtmannweg, P9
Weimarer Straße, O10
Weißdornweg, O10
Werdener Straße, Q9
Weststraße, P10
Westtangente, O10-O8
White-Bear-Lake-Platz, O4
Wiechertstraße, R9-S9
Wieselweg, P5
Wiesengrund, U6
Wiesenstraße, P9-Q9
Wildenhaus, T5
Wildrosenpfad, U6
Wilhelm-Raabe-Straße, O6
Wilhelmring, Q9
Windfochweg, T6-T7
Winkelshäuschen, O3-O4
Winternheimweg, R9
Wittenberger Straße, O10
Wittenhausweg, T10-V9
Wittlaerer Straße, O8
Wolf-v.-Niebelschütz-Promenade, T5
Wollinweg, N10
Württembergstraße, T5
Z
Zaunkönigweg, O5
Zechenweg, P4-P5
Zehnthofweg, X10-X8
Zeisigweg, O5
Zeisstraße, N10-O10
Zeppelinweg, O10-O9
Zieglerstraße, Q10-Q11
Zinzendorfstraße, V10
Zu den Höfen, S7-T7
Zum Blauen See, Q8-Q9
Zum Busch, X10
Zum Driegeltrath, R3-S3
Zum Eigen, O10
Zum Helpenstein, P6
Zum Isselstein, U5

Rommerskirchen / Willich

Zum Schilfgürtel, O11
Zum Schluchtor, S7-S8
Zum Schwarzebruch, R7-S7
Zum Steines, S10-S11
Zur Alten Ziegelei, O11
Zur Anger, O9
Zur Heide, O8
Zur Kleigrube, O11
Zur Quecke, O5

Rommerskirchen
A
Am Klinkhammer, F32
Am Pfaffenbusch, E32
Am Tannenwäldchen, F32
H
Hellenbergstraße, D31-F32
I
Im Rosengarten, F32
Im Sandpütz, E32
K
Kirchweg, E32-F32
Kölner Straße, E32
L
Lambertusstraße, E32
P
Peter-Nettekoven-Straße, F32
S
Stephanusstraße, F32
V
Vikar-Schumacher-Straße, E32
Z
Zehntstraße, F32
Zur Heide, E32-F31
Zur Mühle, F32

Willich
H
Hardt, A15-A16

Zeichenerklärung

Bodennutzung

	öffentl. Gebäude		Laubwald
	Wohnbebauung		Nadelwald
	Industrie-, Wirtschaftsgebäude		Park
	Industrie-, Bahngelände		Friedhof (christl. / nicht christl.)
	Gewässer		Wiese
	Freifläche		Kleingärten

Verkehrsnetz

46	Autobahn		befahrbare Brücke / Böschung
B 8	Bundesstraße		eingeschränkt befahrbare Brücke
	Hauptstraße		Fußgängerbrücke
	allgemeine Straße		Fußgängerzone
	Weg		Bundesbahn mit Bahnhof
	Hochstraße	S	S-Bahn mit Haltestelle
	Tunnel		Tunnel
	Autobahn, Bundesstraße im Bau / geplant		Industriebahn
			Straßenbahn mit Haltestelle
		WF	Wagenfähre
		PF	Personenfähre

Zeichenerklärung

Signaturen

†	Kirche	⌂	Campingplatz
▲	Schule	· 156,2	Höhenpunkt mit Angabe über NN
✱	Polizei	65	Hausnummer
⌔	Post	◇	Stromkilometer
🛈	Information	⊢	Anlegestelle
📖	Bücherei	E35	Europastraße
⚕	Forsthaus, -amt	⑯	Autobahn-anschlußnummer
♦	Denkmal	ND	Naturdenkmal
⚙	Windmühle	KD	Kulturdenkmal
♧ ♧	hervorragender Baum		

Grenzen

▬ ▪ ▬ ▬ Stadtgrenze Düsseldorf

▬▬⊢ · ⊢▬▬ Regierungsbezirksgrenze

▬▬ · ▬ ▬ Kreisgrenze

▬ ▬ · ▬ ▬ ▬ Stadtgrenze

▬▬·▬·▬·▬ Gemeindegrenze

Maßstab 1:20 000

```
0   200   400   600   800   1000 m
```

1 cm in der Karte entspricht 200 m in der Natur.

Zeichenerklärung

▬▬▬	empfohlene Radroute für den Alltag
———	Radweg Zustand gut, 1-Richtungsradweg
━━━	Radweg Zustand gut, 2-Richtungsradweg
- - - - -	Radweg Zustand schlecht, 1-Richtungsradweg
━ ━ ━	Radweg Zustand schlecht, 2-Richtungsradweg
• • • • • •	Route rund um Düsseldorf (touristisch)
R17	regionale Radwegeverbindung

ERS	Erlebnisweg Rheinschiene	**RHMA**	Rhein-Maas Route
NRR	Niederrheinroute	**KAISER**	Kaiserroute
PHW	Posthornweg	**EUROGA**	Europäische-Gartenschau Route

→	Einbahnstraße für Radfahrer
⋂	Treppe
—╢—	Drängelgitter
▶	Steigung

🚲	Fahrradgeschäft/ -reparatur
🚲	Fahrradverleih
🏠🚲 🚲	überdachte / unüberdachte Abstellplätze
BR BR	überdachte / unüberdachte Bike & Ride Anlagen
ADFC	ADFC Geschäftsstelle